智库 中社 国家智库报告 2017（8）
National Think Tank

经　济

中国海外投资国家风险评级报告（2017）

中国社会科学院世界经济与政治研究所　著

COUNTRY-RISK RATING OF OVERSEAS INVESTMENT FROM CHINA(CROIC-IWEP)(2017)

中国社会科学出版社

图书在版编目(CIP)数据

中国海外投资国家风险评级报告. 2017 / 中国社会科学院世界经济与政治研究所著 . —北京：中国社会科学出版社，2017.3
（国家智库报告）
ISBN 978 – 7 – 5203 – 0086 – 5

Ⅰ.①中… Ⅱ.①中… Ⅲ.①海外投资—风险评价—研究报告—中国—2017 Ⅳ.①F832.6

中国版本图书馆 CIP 数据核字 (2017) 第 060572 号

出 版 人	赵剑英
责任编辑	王 茵
责任校对	朱妍洁
责任印制	李寡寡

出 版	中国社会科学出版社
社 址	北京鼓楼西大街甲 158 号
邮 编	100720
网 址	http://www.csspw.cn
发 行 部	010 – 84083685
门 市 部	010 84029450
经 销	新华书店及其他书店

印刷装订	北京君升印刷有限公司
版 次	2017 年 3 月第 1 版
印 次	2017 年 3 月第 1 次印刷

开 本	787×1092 1/16
印 张	9.5
插 页	2
字 数	95 千字
定 价	45.00 元

凡购买中国社会科学出版社图书,如有质量问题请与本社营销中心联系调换
电话:010 – 84083683

摘要：《中国海外投资国家风险评级报告（2017）》是由中国社会科学院世界经济与政治研究所国际投资研究室连续第四年发布的报告。报告通过构建包含经济基础、偿债能力、社会弹性、政治风险与对华关系的五大指标体系、41项子指标，对57个国家的整体投资风险进行了衡量。此外，报告还对一带一路沿线的35个国家的整体投资风险进行了衡量。报告旨在为有海外投资需求的中国企业提供全面衡量投资风险的有益参考。

Abstract: The Country Risk Rating of Overseas Investment from China (CROIC – IWEP) (2017) is a report produced by Division of International Investment, Institute of World Economics and Politics, Chinese Academy of Social Science for four consecutive years. The report measures the comprehensive investment risk about 57 countries, based on 41 indicators covering the following 5 areas: economic fundamentals, debt-paying capacity, social flexibility, politic risks and the relationship with China. Moreover, the report also measures the comprehensive investment risk about 35 countries along the One Belt One Road routes. This report aims to provide useful guidance for the Chinese enterprises who have the demand to investment abroad.

目　　录

2017 年中国海外投资国家风险评级主报告

CROIC-IWEP

（中国社会科学院世界经济与政治研究所
国家风险评级课题组）

一　评级背景

目前，中国已经成为世界第二大对外投资国，仅次于美国。2015 年中国对外直接投资再创新高，达到 1456.7 亿美元，较 2014 年增长了 18.3%。自 2003 年中国商务部联合国家统计局、国家外汇管理局发布权威年度数据以来，中国对外直接投资流量连续 13 年实现增长，2003—2015 年的年均增速达到 35.9%。2015 年，中国对外直接投资流量首次超过同期利用外资流量，成为资本净输出国。同时，2015 年中国对外直接投资存量达到 10978.6 亿美元，首次突破万亿美元，位居第8。未来，随着中国经济的转型升级、企业海外竞争力的逐渐增强、"一带一路"战略的稳步推进，中国也将释放出更多投资活力，与世界其他国家实现共赢。

近年来，中国企业海外投资多次因东道国的政治、社会和经济风险因素而遭遇挫折。例如，缅甸国内政治局势的变化导致中缅密松大坝工程和中缅合资的莱比塘铜矿项目被叫停、中缅皎漂—昆明铁路工程计划被取消；墨西哥政府无限期搁置高铁招标计划，并勒令中资坎昆龙城项目停工；美国外国投资委员会的国家安全审查导致华为、清华紫光等多家中国企业投资美国受阻，美国西部快线公司单方面宣布终止中美合建高铁；德国经济部最近基于安全理由撤回了中资企业福建宏芯基金对其半导体设备制造商爱思强的收购许可，并叫停了中国三安光电对德国照明巨头欧司朗灯泡部门的收购；委内瑞拉的经济、社会和政治危机致使国家开发银行向其发放的数百亿美元的石油担保贷款面临着突出的风险。因此，做好风险预警，进而准确识别风险，有效应对相应风险，是中国企业提高海外投资成功率的重要前提。

二 各评级机构评级方法综述

（一）发布国家信用评级的机构简介

国家信用评级可以追溯到第一次世界大战之前的

美国。经过近一个世纪的发展，市场上形成了标准普尔（Standard & Poor）、穆迪（Moody's）和惠誉（Fitch）三家美国信用评级机构垄断的局面，占据全球90%以上的市场份额。

标准普尔是全球知名的独立信用评级机构，拥有150多年的历史并在全球23个国家和地区设有办事处。目前，标准普尔对126个国家和地区的主权信用进行了评级，并于每周更新各个国家和地区的主权信用评级。穆迪主要对参与国际资本市场的100多个国家和地区进行评级，分支机构遍布全球29个国家和地区，员工总计约7000人。惠誉是唯一一家欧洲控股的评级机构，规模较以上两家稍小。如今，经历了数次并购和巨大增长之后，惠誉已成长为世界领先的国际信用评级机构，在全球设立了50家分支机构和合资公司，致力于为国际信用市场提供具有独立性和前瞻性的评级观点、研究成果及数据报告。

与此同时，不同类型、各具特色的其他评级机构也实现了蓬勃发展，它们通过差异化竞争在市场上谋得了一席之地。其中比较著名的包括：经济学人信息社（EIU，Economist Intelligence Unit）、国际国别风险评级指南机构（ICRG）以及环球透视（GI，IHS Global Insight）。

EIU是"经济学人集团"下属的独立单位，主要进行经济预测和咨询服务，覆盖全球 120 个国家和地区。EIU 风险服务的目标客户是由于从事借款、贸易信贷以及其他商业活动而面临跨境信用风险或金融风险的机构。

ICRG 自 1980 年起便开始定期发布国际国家风险指南。目前，该指南的国别风险分析覆盖了全球 140 多个国家，并以季度为基础进行数据更新并逐月发布。

GI 于 2001 年成立，目前为 3800 多家客户提供详尽的国家风险分析，主要针对在海外开展营商活动的投资者。GI 评级的覆盖范围超过 200 个国家和地区。作为一家付费咨询机构，分析的风险对象涵盖范围极广，包括国家的营商、主权信用乃至一国某个地区的运营风险。

由于评级体系的构建对方法的科学性、全面性和多样性有较高的要求，且评级数据的采集和处理较为复杂，目前评级市场仍然由发达国家的评级机构占据主导地位，发展中国家的评级机构大多处于起步阶段。这其中包括了中国的大公国际资信评估公司。

大公国际资信评估公司（以下简称"大公"）于 1994 年成立，拥有自己的主权信用评级标准和方法，定期发布主权信用评级报告。到目前为止，大公已经发布了全球 90 个国家和地区的信用等级报告，评级对象主要来自亚洲、大洋洲和欧洲，其中 AAA 级（最低风险）的国家和地区有 7 个。

（二）评级对象

标准普尔、穆迪和惠誉三大评级机构从定性和定量的角度，对主权国家政府足额、准时偿还债务的能力和意愿进行综合性评估，针对的是主权债务的综合风险。大公和 ICRG 也遵循着类似的原则，对主权债务风险做出判断。在金融市场上，主权债务风险的具体表现往往是一国国债的违约概率、预期损失和回收率。

EIU 评估的风险包括主权风险、货币风险和银行部门风险。ICRG 的风险评级更具独特性，主要考察的是直接投资风险，其评级除了考量金融市场因素外，还往往涉及与当地经营直接相关的因素，比如治安环境等。

中国社会科学院的中国海外投资国家风险评级体系（CROIC）综合考量了证券投资和直接投资的风险，与目前中国海外投资形式的多样性紧密契合。

（三）评级指标体系

尽管三大评级机构、大公、EIU、ICRG 和 GI 这 7 家评级机构的评级对象各有不同，但指标体系都可以大致分为经济、政治和社会三大模块。

在经济方面，一国的人均收入、国民生产总值等指标可以反映该国的经济基础。而一国的外债占进出口比重、财政收入赤字占 GDP 比重等指标可以反映该国的短期偿债能力。经济基础和短期偿债能力共同构成了一国的总体偿债实力。

在政治方面，各大机构都会对政治稳定性、参与度、治理有效性等指标做出考察。政治风险在本质上衡量的是一国的偿债意愿。即使一国财政实力充足，资源丰富，但如果政治动乱依然可能加大该国的偿债风险。

在社会方面，不同的评级机构有不同的处理方法。大部分机构注重考察社会的弹性程度，也就是社会应对危机的能力，这往往在种群和谐程度、法律健全程度等指标上有所反映。对于衡量直接投资风险的 GI 评级体系来说，社会弹性是尤其重要的指标模块。

中国海外投资国家风险评级体系（CROIC）综合了上述经济、政治和社会因素，并引入与中国的关系这一指标模块，力求更为全面、综合，从而更有针对性地衡量中国海外投资的风险。

（四）评级方法特点

在制度偏好方面，标准普尔、穆迪与惠誉三大评级机构和 ICRG 都将政治因素视为国家信用评级标准的核心，将政治自由化程度、民主政治观念和体制等作为评判一国政治好坏的标准，同时强调经济开放对于一国信用等级的正面作用。这在一定程度上忽略了各国的具体国情。大公在评级时特别突出了国家管理能力这一指标，力求避免完全以西方政治生态为标杆的评级模式。但由于缺乏一定的评判标准，如何对各国的治理水平进行客观公正的衡量成为摆在大公面前的一道难题。EIU 在经济实力的评价上对发达国家、发展中国家和欧元区国家做出了区分，采用不同的评级标准，在制度偏好的问题上有所改善。GI 则更加强调制度的实际效果，而且由于政治制度所占的权重相对较小，在制度偏好上较为中立。

在客观程度方面，由于客观的定量因素不能完全衡量一国的国家风险，因此定性指标是必需的。这对于无法定量衡量的政治与社会风险来说尤其重要。所有 7个评级机构都采取了定性与定量相结合的评级方法，其中定性指标的量化通常采用专家打分的方式，并且最终的评级结果也都由评级委员会通过主观调整后给出。这不可避免地会引入分析师的主观判断因素。此外，几乎所有的评级机构都是营利性机构，向客户收取的评级费用和年费是其主要收入来源。而被评级对象为了获得高级别，也会甘愿支付高额评级费用。因此，双方利益的驱动对评级的独立客观性造成影响。

在指标体系的全面性上，三大评级机构的指标体系都涵盖了政治、经济和外部风险。但从反映各大因素的每一个细项指标来看，惠誉的指标体系要比标准普尔和穆迪更加具体。大公特别突出了政府治理水平和金融水平两大因素对于主权风险的影响作用。为了摒弃三大评级机构的制度偏好，大公将国家治理水平列为一个独立因素进行分析。此外，它还将金融因素从经济因素中抽离出来进行更细致的评估。

EIU 和 GI 的指标体系也较为全面。其中，EIU 包含 60 个细分指标，涵盖面较广。例如，在融资和流动性模块下，EIU 包括银行业不良贷款比率、OECD 国家短期利率、银行业信贷管理能力等细致指标，这对银行部门的风险衡量十分有效。GI 的指标体系也涵盖了直接投资和商业运营的大多数方面。相比之下，ICRG 的评级体系中政治类指标占了大多数，而经济和金融风险的指标相对较少，只选取了比较有代表性的几个指标。这样的评级方法过于偏重政治风险。

在前瞻性方面，几大评级机构都不能预测货币和银行危机，而只能在事后进行调整。这主要是因为评级机构在评估时过度依赖于历史数据，缺乏对一国的长期发展趋势的判断，使得评级效果大打折扣。但机构对未来进行预测时又不可避免会引入主观评判。因此，如何更快地更新数据，对未来进行科学预测，是所有评级方法都面临的挑战。

在透明度方面，一个完整的信用评价体系应当包括评估对象、指标体系、打分方法、权重设定和评级结果五点，而几乎所有的评级机构仅对外公布评级结果和一部分评级方法，所有的指标数据和最终得分并不公开，因此透明度还有待提高。这也与机构的商业性质和数据的核心机密性有关。

在是否适合中国国情方面，大部分评级机构没有对此进行单独考虑。中国对外投资活动日益频繁，而且出现了独特的国别特征。例如，中国对外间接投资和直接投资并举，在发达市场上以国债投资和直接投资为主，在新兴市场上以直接投资为主。因此，在衡量国别风险时，值得对这些因素进行细致考察。此外，在当今国际局势不断变化的环境下，随着中国国家力量的上升，不同国家与中国外交关系的远近，甚至民间交往的深度和广度，都会对以中国为主体的投资行为有所影响。中国海外投资国家风险评级体系（CRO-IC）对此有单独考量，在一定程度上弥补了传统评级机构方法的不足。

三 CROIC-IWEP 国家风险评级方法

（一）指标选取

为了全面、量化地评估中国企业海外投资面临的主要风险，本评级体系纳入经济基础、偿债能力、社会弹性、政治风险、对华关系五大指标，共41个子指标。

1. 经济基础

经济基础指标提供了一个国家投资环境的长期基础，较好的经济基础是中国企业海外投资收益水平和安全性的根本保障。

经济基础指标包含10个子指标（见表1-1），其中：GDP总量、人均GDP、基尼系数衡量了一国的经济规模和发展水平；经济增长率、通货膨胀率和失业率衡量了一国的经济绩效；GDP增速的波动系数衡量了一国经济增长的稳定性；本体系还从贸易、投资、资本账户三个方面衡量了一国的开放度。

与2016年不同的是，2017年度的GDP总量、人均GDP、通货膨胀和失业率采用了WEO经济数值，WEO数据包含2016年数值，比CEIC数据（截至2015年）更具有时效性，而WEO中数据缺失的部分，采用CEIC的实际值补充。

表1-1　　　　　　　　　　经济基础指标

经济基础指标	指标说明	数据来源
（1）市场规模	GDP总量	WEO，CEIC
（2）发展水平	人均GDP	WEO，CEIC
（3）经济增速	GDP增速	CEIC，WDI

续表

经济基础指标	指标说明	数据来源
（4）经济波动性	GDP增速的波动性（5年波动系数）	CEIC，WDI
（5）贸易开放度	（进口＋出口）/GDP	CEIC，WDI
（6）投资开放度	（外商直接投资＋对外直接投资）/GDP	CEIC，WDI
（7）资本账户开放度	Chin-Ito指数（反映资本账户管制能力）	Bloomberg
（8）通货膨胀	居民消费价格指数（CPI）	WEO，CEIC
（9）失业率	失业人口占劳动人口的比率	WEO，CEIC
（10）收入分配	基尼系数	CEIC，WDI

注：WEO为国际货币基金组织的全球经济展望（World Economic Outlook），CEIC为香港环亚经济数据有限公司数据库，WDI为世界银行的World Development Indicators，Bloomberg（彭博）是全球领先的金融数据供应商。

2. 偿债能力

偿债能力指标衡量了一国公共部门和私人部门的债务动态和偿债能力。如果一国爆发债务危机，包括直接投资和财务投资在内的各种类型的投资安全都会受到影响。

偿债能力指标包含9个子指标（见表1-2），其中：公共债务占GDP比重和银行业不良资产比重主要用于衡量一国国内公共部门和私人部门的债务水平；外债占GDP比重和短期外债占总外债比重衡量了一国的外债规模和短期内爆发偿债危机的风险；财政余额占GDP比重衡量了一国的财政实力；外债占外汇储备比重衡量了一国的外汇充裕度；再加上经常账户余额占GDP比重以及贸易条件，共同反映了一国的偿债能力。

表 1 - 2 偿债能力指标

偿债能力指标	指标说明	数据来源
（1）公共债务/GDP	公共债务指各级政府总债务	WEO
（2）外债/GDP	外债指年末外债余额	WDI, QEDS
（3）短期外债/总外债	短期外债指期限在一年或一年以下的债务	WDI, QEDS
（4）财政余额/GDP	财政余额等于财政收入减去财政支出	WEO
（5）外债/外汇储备	外债指的是年末外债余额	WDI
（6）经常账户余额/GDP	经常账户余额为货物和服务出口净额、收入净额与经常转移净额之和	WDI
（7）贸易条件	出口价格指数/进口价格指数	WDI
（8）银行业不良资产比重	银行不良贷款占总贷款余额的比重	WDI
（9）是否为储备货币发行国	扮演国际储备货币角色的程度	德尔菲法

注：WEO 为国际货币基金组织的全球经济展望（World Economic Outlook），WDI 为世界银行的 World Development Indicators，QEDS 为国际货币基金组织和世界银行的 Quarterly External Debt Statistics。德尔菲法又名专家意见法或专家函询调查法，采用背对背的通信方式征询专家小组成员的意见。

3. 社会弹性

社会弹性指标反映了影响中国企业海外投资的社会风险因素，良好的社会运行秩序能确保企业的有序经营。

社会弹性指标包含 8 个子指标（见表 1 - 3），其中，教育水平衡量了一个国家基本的劳动力素质；内部冲突和社会安全衡量了一国的内部冲突程度和社会安全情况；环境政策、资本和人员流动限制、劳动力市场管制和商业管制反映了一国的经商环境。劳动力素质越高、内部冲突越小、社会安全和经商环境越好，企业投资的风险越小。

表 1 - 3 社会弹性指标

社会弹性指标	指标说明	数据来源
（1）内部冲突	社会、种族、宗教冲突严重性，1—10 分，分数越高，内部冲突越严重	BTI
（2）环境政策	对环境议题的重视，1—10 分，分数越高，环境政策越严厉	BTI
（3）资本和人员流动限制	对资本和人员流动的限制，0—10 分，分数越高，资本和人员流动越自由	EFW
（4）劳动力市场管制	劳动力市场管制包括雇用和解雇规定，最低工资和工作时间规定等，0—10 分，分数越高，劳动力市场管制越低	EFW
（5）商业管制	行政和官僚成本，开业难易，营业执照限制等，0—10 分，分数越高，商业管制越低。	EFW
（6）教育水平	平均受教育年限	UNESCO
（7）社会安全	每年每 10 万人中因谋杀死亡的人数	UNODC
（8）其他投资风险	包括没有被其他政治、经济、金融风险要素所覆盖的投资风险，0—12 分，分数越高，其他投资风险越大	ICRG

注：BTI 为贝塔斯曼基金会的转化指数（Transformation Index of the Bertelsmann Stiftung），EFW 为菲莎研究所（Fraser Institute）的世界经济自由度（Economic Freedom of the World）年度报告，ICRG 为 PRS 集团国际国别风险指南（International Country Risk Guide），UNESCO 为联合国教科文组织，UNODC 为联合国毒品和犯罪问题办公室。

4. 政治风险

政治风险指标考察的是一国政府的稳定性和质量，以及法律环境和外部冲突，较低的政治风险是企业安全投资的先决条件之一。

　　政治风险指标包含 8 个子指标（见表 1-4），其中，执政时间、政府稳定性、军事干预政治 3 个子指标反映了一国政府的稳定性；政治体系的腐败程度、民主问责、政府有效性反映了一国政府的治理质量；法制水平是契约和产权保护的重要保证。一国政府的稳定性和治理质量越高、法制环境越健全、外部冲突越小，中国企业在其投资的风险越低。

表 1-4　　　　　　　　　政治风险指标

政治风险指标	指标说明	数据来源
（1）执政时间	政府任期还剩多少年	DPI
（2）政府稳定性	政府执行所宣布政策的能力以及保持政权的能力，0—12 分，分数越高，政府越不稳定	ICRG
（3）军事干预政治	军队部门对一国政治的参与程度，0—6 分，分数越高，军事干预政治越严重	ICRG
（4）腐败	政治体系的腐败程度，0—6 分，分数越高，越腐败	ICRG
（5）民主问责	政府对民众诉求的回应，0—6 分，分数越高，民主问责越弱	ICRG
（6）政府有效性	公共服务的质量、行政部门的质量及其独立于政治压力程度、政策形成和执行质量，-2.5—2.5，分数越高，政府有效性越强	WGI
（7）法制	履约质量，产权保护，-2.5—2.5，分数越高，法制程度越高	WGI
（8）外部冲突	来自国外的行为给在位政府带来的风险。国外的行为包括非暴力的外部压力，例如外交压力、中止援助、贸易限制、领土纠纷、制裁等，也包括暴力的外部压力，例如跨境冲突，甚至全面战争，0—12 分，分数越高，外部冲突越严重	ICRG

　　注：DPI 为世界银行的政治制度数据库（Database of Political Institutions），ICRG 为 PRS 集团的国际国别风险指南（International Country Risk Guide），WGI 为世界银行的全球治理指数（Worldwide Governance Indicators）。

5. 对华关系

对华关系指标衡量了影响中国企业在当地投资风险的重要双边投资政策、投资情绪和政治关系，较好的对华关系是投资风险的重要缓冲（见表1-5）。

表1-5　　　　　　　　　　　　　对华关系指标

对华关系指标	指标说明	数据来源
（1）是否签订 BIT	指数 1，表示已签订且生效；0.5，表示已签订未生效；0 表示未签订	中国商务部
（2）投资受阻程度	分数越高，投资受阻越小	德尔菲法
（3）双边政治关系	分数越高，双边政治关系越好	德尔菲法
（4）贸易依存度	分数越高，对方对中国贸易依存度越高	CEIC，WDI
（5）投资依存度	分数越高，对方对中国直接投资依存度越高	CEIC，WDI
（6）免签情况	分数越高，对方对中国公民的签证便利度越高	商务部

注：BIT 为双边投资协定；德尔菲法又名专家意见法或专家函询调查法，采用背对背的通信方式征询专家小组成员的意见。

对华关系指标包含 6 个子指标。第一个子指标是双方是否签订了投资协定（BIT）以及该协定是否已经生效。如果中国与该国签署了 BIT，将有助于降低中国企业在当地的投资风险。第二个和第三个子指标采用的是德尔菲法进行的专家打分，分别衡量了投资受阻程度和双边政治关系，较低的投资受阻和较好的双边政治关系有助于降低中国企业在当地的投资风险。

后 3 个子指标为 2015 年起新增的指标。其中，贸易（投资）依存度衡量了中国和他国间的双边贸易（投资）占该国贸易（投资）的比重。免签情况则衡量了对方对中国公民发放签证的便利程度。

（二）标准化、加权与分级

在选取指标并获得原始数据后，本评级体系对于定量指标（经济基础和偿债能力）采取标准化的处理方法，而对定性指标（政治风险、社会弹性以及对华关系）的处理有两种方式，即运用其他机构的量化结果或者由评审委员打分，再进行标准化。

本评级体系采用0—1标准化，也叫离差标准化，将原始数据进行线性变换，使结果落到［0，1］区间，分数越高表示风险越低。转换函数如下：

$$x^* = 1 - \left| \frac{x - x_{\text{适宜值}}}{\text{max-min}} \right|$$

其中，x^*为将x进行标准化后的值，x适宜值为对应风险最低的指标值，max为样本数据的最大值，min为样本数据的最小值。

对定量指标进行标准化并转化为风险点得分的关键在于找到适宜值$x_{\text{适宜值}}$。在样本范围内，数值与适宜值越近，得分越高。

适宜值的判断方法有两类：第一类是设定绝对适宜值，也就是适宜值的大小与样本国家的选择无关。例如，本体系将CPI指标的适宜值设定为2%，失业率的适宜值设定为5%。第二类是在样本中找到相对适宜值。例如，本体系将GDP的适宜值设定为该样本中GDP的最大值，将GDP增速波动性的适宜值设定为该样本中GDP增速的波动的最小值。此外，由于某些指标对于发达国家和发展中国家不应选用相同的适宜值，本评级体系也进行了区分。例如，偿债能力指标中子指标公共债务/GDP与外债/GDP既反映了债务规模，也反映了举债能力。对于这两个子指标，本评级体系区分为发达国家和发展中国家两组，每一组的最低值为各组的适宜值。

以上标准化过程中，我们遵循四大原则：第一，标准化必须合乎逻辑；第二，标准化必须要考虑异常值的处理；第三，标准化必须客观，尽量减少主观判断；第四，标准化后的得分需具有区分度。

在对经济基础、偿债能力、政治风险、社会弹性和对华关系五大指标下的细项指标分别标准化后，加权平均得到这五大风险要素的得分，区间为0—1。分数越高表示风险越低。然后，我们对五大要素加权平均，由于五大指标都是中国企业海外投资风险评级的重要考量点，我们采用相同的权重，均为0.2（见表1-6）。最后，我们将得到的分数转化为相应的级别。本评级体系按照国家风险从低到高进行9级分类：AAA、AA、A、BBB、BB、B、CCC、CC与C。其中，

AAA 和 AA 为低风险级别，A 与 BBB 为中等风险级别，BB 及以下为高风险级别。

表 1 - 6　　　　　　　　　国家风险评级指标权重

指标	权重
经济基础	0.2
偿债能力	0.2
政治风险	0.2
社会弹性	0.2
对华关系	0.2

（三）评级样本

本评级体系 2016 年共将 57 个国家纳入评级样本，分别是：阿联酋、埃及、巴基斯坦、白俄罗斯、保加利亚、波兰、俄罗斯、菲律宾、哈萨克斯坦、吉尔吉斯斯坦、柬埔寨、捷克、老挝、罗马尼亚、马来西亚、蒙古国、孟加拉国、缅甸、沙特阿拉伯、斯里兰卡、塔吉克斯坦、泰国、土耳其、土库曼斯坦、乌克兰、乌兹别克斯坦、希腊、新加坡、匈牙利、伊拉克、伊朗、以色列、印度、印度尼西亚、越南、阿根廷、埃塞俄比亚、安哥拉、澳大利亚、巴西、德国、法国、韩国、荷兰、加拿大、肯尼亚、美国、墨西哥、南非、尼日利亚、日本、苏丹、委内瑞拉、新西兰、意大利、英国、赞比亚（见表 1 - 7）。

表 1 - 7 　　　　　　　　　　国家风险评级样本

	国家	地区	2015 年投资存量（亿美元）		国家	地区	2015 年投资存量（亿美元）
1	阿联酋	亚太	46.03	30	伊拉克	亚太	3.88
2	埃及	非	6.63	31	伊朗	亚太	29.49
3	巴基斯坦	亚太	40.36	32	以色列	亚太	3.17
4	白俄罗斯	欧	4.76	33	印度	亚太	37.7
5	保加利亚	欧	2.36	34	印度尼西亚	亚太	81.25
6	波兰	欧	3.52	35	越南	亚太	33.74
7	俄罗斯	欧	140.2	36	阿根廷	美	19.49
8	菲律宾	亚太	7.11	37	埃塞俄比亚	非	11.30
9	哈萨克斯坦	亚太	50.95	38	安哥拉	非	12.68
10	吉尔吉斯斯坦	亚太	10.7	39	澳大利亚	亚太	283.74
11	柬埔寨	亚太	36.76	40	巴西	美	22.57
12	捷克	欧	2.24	41	德国	欧	58.82
13	老挝	亚太	48.41	42	法国	欧	57.24
14	罗马尼亚	欧	3.61	43	韩国	亚太	36.98
15	马来西亚	亚太	22.31	44	荷兰	欧	200.67
16	蒙古国	亚太	37.60	45	加拿大	美	85.16
17	孟加拉国	亚太	1.88	46	肯尼亚	非	10.99
18	缅甸	亚太	42.59	47	美国	美	408.02
19	沙特阿拉伯	亚太	24.34	48	墨西哥	美	5.25
20	斯里兰卡	亚太	7.72	49	南非	非	47.23
21	塔吉克斯坦	亚太	9.09	50	尼日利亚	非	23.77
22	泰国	亚太	34.4	51	日本	亚太	30.38
23	土耳其	欧	13.29	52	苏丹	非	18.09
24	土库曼斯坦	亚太	1.33	53	委内瑞拉	美	28.0
25	乌克兰	欧	0.69	54	新西兰	亚太	12.09
26	乌兹别克斯坦	亚太	8.82	55	意大利	欧	9.32

	国家	地区	2015 年投资存量（亿美元）		国家	地区	2015 年投资存量（亿美元）
27	希腊	欧	1.19	56	英国	欧	166.32
28	新加坡	亚太	319.85	57	赞比亚	非	23.38
29	匈牙利	欧	5.71				

截至 2015 年年底，中国对外直接投资分布在全球 188 个国家（地区），本评级体系选用以上 57 个国家作为本次评级样本，主要是基于以下三个标准。

1. 主要涉及的是真实的投资活动。中国在当地进行的主要是真实的投资活动（生产、研发、雇用、经营等），而不是以该地为投资中转地或者避税等资金运作中心。香港地区就是中国对外直接投资的重要中转地。2015 年，61.6% 的中国对外直接投资首先流向了中国香港，其中较大一部分以香港为平台，最终流向其他地方。中国对避税港地区的投资以商务服务业为主，2015 年对外投资并购项目的六成通过境外企业再投资完成，因此，本次评级暂不纳入中国香港、开曼群岛、英属维尔京群岛、卢森堡等国际自由港。

2. 重点选择 G20 国家以及中国海外投资额较大的其他国家。这 57 个评级样本国家全面覆盖了北美洲、大洋洲、非洲、拉丁美洲、欧洲和亚洲，在当地的投资额较大，占到中国全部对外直接投资存量的 85%①，因此具有广泛的代表性。

3. 满足主要指标数据，尤其是定量指标（经济基础和偿债能力）的可得性。本体系以经济基础、偿债能力、政治风险、社会弹性和对华关系五大指标作为国家风险评级的依据，因此数据的完备性和可得性十分重要。例如，利比亚虽满足前两个条件，即中国在这两个国家的投资额较大且主要涉及的是真实的投资活动，但由于缺乏大量支持数据，主要是经济基础和偿债能力数据，因此本次评级样本没有将利比亚纳入。

（四）本评级方法的特点

1. 中国企业海外投资视角

本国家风险评级体系从中国企业和主权财富的海外投资视角出发，构建经济基础、偿债能力、社会弹性、政治风险和对华关系五大指标，共 41 个子指标，全面地量化评估了中国企业海外投资所面临的战争风险、国有化风险、政党更迭风险、缺乏政府间协议保障风险、金融风险以及东道国安全审查等主要风险。本评级体系通过提供风险警示，为企业降低海外投资风险、提高海外投资成功率提供参考。

---

① 不包括中国香港、英属维尔京群岛、开曼群岛、卢森堡和百慕大群岛这些主要的投资中转地以及避税等资金运作中心。

2. 重点关注直接投资，同时兼顾主权债投资

现有主要评级机构的国家风险评级体系衡量的是投资者所面临的针对某一个国家的金融敞口风险，其中核心关注点是主权债，即从定性和定量的角度，对主权国家政府足额、准时偿还商业债务的能力和意愿进行综合性评估。本评级体系在兼顾主权债投资所面临的国家风险的同时，重点关注的是中国企业海外直接投资面临的风险。目前，中国已经是全球第二大对外直接投资国，并且随着国内转型升级和企业竞争力的提高，中国对外直接投资将会持续高速增长。传统的主要针对主权债投资风险的关注已经无法满足当下中国企业的实际需求，因此，本国家风险评级体系重点关注直接投资所面临的风险要素，纳入的指标涵盖环境政策、资本和人员流动的限制、劳动力市场管制、商业管制、是否签订 BIT、贸易依存度、投资依存度、免签情况以及直接投资受阻程度等。

3. 五大指标体系全面综合覆盖经济、社会、政治、偿债能力和对华关系

影响一国投资风险的因素很多，并且它们之间的关系错综复杂，不存在一个定量模型将全部因素包括进去。在进行国家风险评级时，本评级方法将定性和定量指标相结合，全面覆盖了经济基础、偿债能力、社会弹性、政治风险和对华关系五大指标体系。在传

统的由经济和金融指标构成的定量评估的基础上，增加了社会弹性、政治风险和对华关系等定性评估指标，且定性分析指标占到本评级体系指标总量的一半以上。本评级体系对这五大指标体系进行了深入研究，明确了各部分的核心指标，并根据各国国情的不同，对核心指标的评价方法给予区别对待，同时密切关注指标之间、要素之间的内在联系，从而形成了一个逻辑清晰、框架严谨、指标优化、论证科学的方法体系。

4. 特色指标：对华关系

中国需要创建适合自身国情需要的国家风险评级体系。本评级体系一个重要的特色指标是对华关系，包含了双方是否签订 BIT、投资受阻程度、双边政治关系、贸易依存度、投资依存度以及免签情况 6 个子指标，良好的对华关系是降低中国海外投资风险的重要缓释器。对华关系这一指标既是本评级体系区别于其他国家风险评级的特色指标，同时也是为评估中国海外直接投资所面临的主要风险量身打造的。以投资受阻程度这一子指标为例，中国企业在海外投资频频遭遇阻力。斯里兰卡重新评估中国援建港口项目、中澳铁矿百亿减值、墨西哥高铁项目被无限期搁置等成为投资受阻和失败的典型案例。投资受阻增加了中国企业的投资风险，因此成为本体系的重要考量指标之一。

5. 依托智库，将客观独立作为国家风险评级的基本立场

本评级体系依托中国社会科学院世界经济与政治研究所这一中国领先、国际知名的智库。该研究所的主要研究领域包括全球宏观、国际金融、国际贸易、国际投资、全球治理、产业经济学、国际政治理论、国际战略、国际政治经济学等，有将近 100 位专业研究人员。在美国宾夕法尼亚大学 2013 年全球智库排名榜上，中国社会科学院蝉联亚洲第一，在全球总榜单中排名第 10 位。按照分类排名，2012 年世界经济与政治研究所在国内经济政策类排名为全球第 11 位，在国际经济政策类排名为第 27 位。

发布国家风险评级的团队是国际投资研究室。该室的主要研究领域包括跨境直接投资、跨境间接投资、外汇储备投资、国家风险、国际收支平衡表与国际投资头寸表等。团队成员为姚枝仲、张明、王永中、张金杰、李国学、潘圆圆、韩冰、王碧珺、赵奇锋、李曦晨和朱子阳。研究室定期发布国际投资研究系列（International Investment Studies），主要产品包括：中国对外投资季度报告、国家风险评级报告、工作论文与财经评论等。

中国社会科学院世界经济与政治研究所将客观独立作为国家风险评级的基本立场。客观独立是本着对

国家风险关系所涉及的各方利益同等负责的态度，采取公正的、客观的立场制定国家风险评级标准，反对通过信用评级进行利益输送。

（五）未来规划

每年发布 1 次。这是本评级体系建成后第 4 次发布国家风险评级结果。我们将不断改进评级体系，并计划未来每年都发布 1 次国家风险评级结果，提供若干风险变化之警示。

增加评级国家样本。本次评级是第 4 次评级，我们选取了 57 个国家作为评级样本。如上所述，我们的样本选择遵循三个基本原则：一是主要涉及的是真实的投资活动；二是在地理分布上具有广泛的覆盖性，在当地的投资额较大；三是满足主要指标数据，尤其是定量指标（经济基础和偿债能力）的可得性。这些样本覆盖了中国全部对外直接投资存量的 85%[①]。未来，我们在遵循以上三个样本选择基本原则的基础上将更多的国家（地区）纳入评级体系，以全面服务于走向世界各个角落的中国企业的海外投资需求。

改进评级体系。虽然有强大的研究团队和智库支持，本评级体系仍然有较大改进空间。未来在指标选

---

① 不包括中国香港、英属维尔京群岛、开曼群岛、卢森堡和百慕大群岛这些主要的投资中转地以及避税等资金运作中心。

择、权重设定、方法构建上，本评级体系都将根据国内外不断变化的形势、中国企业不断演进的海外投资模式以及不断出现的新的投资风险进行相应改进。

深化学术和政策研究。未来，我们将基于本评级体系进行深入的学术性和政策性研究，分析中国企业海外投资所面临的国家风险的决定因素、影响途径以及化解方法。

四　CROIC-IWEP 国家风险评级
结果总体分析

本次对 57 个国家进行了评级，包括德国、美国等16 个发达经济体，和阿联酋、俄罗斯等41 个新兴经济体。从区域分布来看，美洲涉及 6 个国家，欧洲涉及15 个国家，非洲涉及 8 个国家，亚太涉及 28 个国家。

评级结果共分为 9 级，由高至低分别为 AAA、AA、A、BBB、BB、B、CCC、CC、C。其中 AAA 及AA 为低风险级别，包括9 个国家；A 及 BBB 为中等风险级别，包括 34 个国家；BB 及 B 为高风险级别，包括 14 个国家。从中可以看出，评级结果呈正态分布，反映出合理的风险分布区间。

（一）总体结果
从总的评级结果来看（见表 1 - 8），发达国家评级结果普遍高于新兴经济体，投资风险较低。其中排名前 10 位的国家都是发达经济体，而 41 个新兴经济体中排名最高的阿联酋是第 12 名，在新兴经济体中金砖国家的排名处于中间水平。

与 2015 年相比，除德国、荷兰、法国、日本、波兰、菲律宾、土耳其、巴西、阿根廷、埃及、伊拉克和委内瑞拉 12 国的相对排名不变外，其余国家的相对排名均发生了变化。其中，新西兰、澳大利亚等 21 国的相对排名与 2015 年相比有所上升，上升幅度最大的 4 个国家是老挝、土库曼斯坦、赞比亚和柬埔寨，分别上升了 11、10、9 和 8 个名次，评级结果上升的国家有罗马尼亚、马来西亚、赞比亚、埃塞俄比亚和苏丹。而美国、韩国等 24 国的相对排名与 2015 年相比有所下降，降幅最大的 4 个国家分别是斯里兰卡、乌兹别克斯坦、泰国和英国，分别下降了 11、11、6 和 5 个名次，评级结果下降的国家有沙特阿拉伯、哈萨克斯坦、塔吉克斯坦、乌兹别克斯坦和乌克兰。

表 1 - 8 总体评级结果

排名	国家	风险评级	排名变化	2015年级别	排名	国家	风险评级	排名变化	2015年级别
1	德国（欧）	AAA	—	AAA	30	土耳其（欧）	BBB	—	BBB
2	新西兰（亚太）	AA	↑	AA	31	南非（非）	BBB	↓	BBB
3	澳大利亚（亚太）	AA	↑	AA	32	土库曼斯坦（亚太）	BBB	↑	BBB

排名	国家	风险评级	排名变化	2015年级别	排名	国家	风险评级	排名变化	2015年级别
4	美国（美）	AA	↓	AA	33	巴基斯坦（亚太）	BBB	↑	BBB
5	新加坡（亚太）	AA	↑	AA	34	印度（亚太）	BBB	↑	BBB
6	加拿大（美）	AA	↑	AA	35	伊朗（亚太）	BBB	↓	BBB
7	韩国（亚太）	AA	↓	AA	36	蒙古国（亚太）	BBB	↑	BBB
8	英国（欧）	AA	↓	AA	37	肯尼亚（非）	BBB		BBB
9	荷兰（欧）	AA	—	AA	38	泰国（亚太）	BBB		BBB
10	法国（欧）	A	—	A	39	斯里兰卡（亚太）	BBB	↓	BBB
11	日本（亚太）	A	—	A	40	越南（亚太）	BBB		BBB
12	阿联酋（亚太）	A	↑	A	41	缅甸（亚太）	BBB		BBB
13	以色列（亚太）	A	↓	A	42	赞比亚（非）	BBB	↑	BB
14	匈牙利（欧）	A	↑	A	43	埃塞俄比亚（非）	BBB		BB
15	意大利（欧）	A	↓	A	44	塔吉克斯坦（亚太）	BB		BBB
16	捷克（欧）	A	↓	A	45	乌兹别克斯坦（亚太）	BB	↓	BBB
17	罗马尼亚（欧）	A	↑	BBB	46	尼日利亚（非）	BB	↓	BB
18	波兰（欧）	A	—	A	47	孟加拉国（亚太）	BB	↓	BB
19	马来西亚（亚太）	A	↑	BBB	48	巴西（美）	BB	—	BB
20	沙特阿拉伯（亚太）	BBB	↓	A	49	阿根廷（美）	BB	—	BB
21	哈萨克斯坦（亚太）	BBB	↓	A	50	白俄罗斯（欧）	BB	↓	BB
22	俄罗斯（欧）	BBB	↑	BBB	51	吉尔吉斯斯坦（亚太）	BB	↑	BB
23	柬埔寨（亚太）	BBB	↑	BBB	52	埃及（非）	BB	—	BB
24	印度尼西亚（亚太）	BBB	↓	BBB	53	苏丹（非）	BB	↑	B
25	保加利亚（欧）	BBB	↓	BBB	54	安哥拉（非）	BB	↓	BB
26	老挝（亚太）	BBB	↑	BBB	55	乌克兰（欧）	B	↓	BB
27	菲律宾（亚太）	BBB	—	BBB	56	伊拉克（亚太）	B		B
28	墨西哥（美）	BBB	↓	BBB	57	委内瑞拉（美）	B	—	B
29	希腊（欧）	BBB	↓	BBB					

注：—表示与2015年相比，相对排名没有变化的国家；↑表示与2015年相比，相对排名上升的国家；↓表示与2015年相比，相对排名下降的国家。

与 2015 年相比，发达经济体中相对排名上升的国家占 5 个，相对排名下降的国家占 7 个，相对排名不变的国家占 4 个，其中英国和希腊投资风险上升较大；在新兴经济体中，相对排名上升的国家占 16 个，相对排名下降的国家占 17 个，相对排名不变的国家占 8 个。金砖国家中，俄罗斯和印度上升 2 位，南非下降 2 位，巴西保持不变。

总体来看，发达经济体的经济基础较好，政治风险较低，社会弹性较高，偿债能力较强，整体投资风险明显低于新兴经济体。但与 2015 年相比，出现一些新的变化：一方面，发达经济体持续复苏，GDP 增速上升，经济基础有所好转；另一方面，发达经济体对中国企业尤其是国有背景企业的投资仍然怀有警惕，认为中国对外直接投资会威胁东道国的经济安全，从而其对华关系得分有所下降。目前，世界经济正在缓慢恢复，发达经济体将在未来一段时间内以较低的速度增长，而英国脱欧和美联储加息则可能会加大全球经济的不确定性。整体来看，全球贸易放缓和投资下滑的趋势令人不安。联合国贸易和发展会议于 2016 年 10 月 6 日发布的最新一期全球投资趋势监测报告预计，2016 年全球外国直接投资可能较 2015 年下滑 10%—15%。但是，中国对外投资的增长趋势不变，2016 年上半年对外投资同比增长 58.7%，特别是中国近年来对发达国家投资的比重不断上升，美国已经是除了避税港地区外中国对外直接投资存量最多的国家。

对新兴经济体来说，经济基础和政治风险与发达国家的差距非常明显，政治环境不稳定和经济增速放缓是主要的投资不利因素，不过新兴经济体的经济增速整体高于发达国家，是推动全球经济增长的重要力量。未来新兴经济体仍然是中国海外投资最具潜力的目的地，其巨大的市场潜力和基础设施建设的需求，还可以满足中国在对外投资中寻求资源的动机。2016 年，欧、日央行的负利率政策和美联储加息的不确定性进一步恶化了国际金融环境，出口贸易减速和大宗商品价格低迷则不利于新兴经济体的稳定增长。内部因素中，新兴经济体财政空间收缩和通货膨胀引起的货币政策紧缩等，也将影响新兴经济体经济增长。南非、俄罗斯和巴西的投资环境较 2015 年进一步恶化，其中巴西和南非经济下滑，俄罗斯趋于稳定，印度仍然是全球增速最快的国家之一。中国提出的"一带一路"战略和亚洲基础设施投资银行为新兴市场国家的经济增长提供了有利契机。

（二）分项指标分析

1. 经济基础

经济基础方面，与 2015 年相同，我们主要关注 10

个指标。通过分析具体指标，我们发现，发达国家经济基础发展普遍好于新兴经济体，占据排名前 10 位的均为发达经济体。

与 2015 年相比，除美国、德国、罗马尼亚和委内瑞拉 4 国的相对排名没有变动，其他国家经济基础的相对排名均有不同程度的上升或下降。其中，澳大利亚、新西兰等 24 国经济基础的相对排名有所上升，英国、加拿大等 29 国的相对排名较之前有所下降。

表 1-9　　　　　　　　经济基础指标

排名	国家	排名变化	排名	国家	排名变化	排名	国家	排名变化
1	美国	—	20	俄罗斯	↑	39	吉尔吉斯斯坦	↑
2	澳大利亚	↑	21	印度尼西亚	↓	40	塔吉克斯坦	↑
3	德国	—	22	菲律宾	↑	41	巴西	↑
4	新西兰	↑	23	柬埔寨	↑	42	巴基斯坦	↓
5	以色列	↑	24	保加利亚	↑	43	泰国	↓
6	法国	↑	25	匈牙利	↑	44	斯里兰卡	↓
7	英国	↓	26	希腊	↓	45	乌兹别克斯坦	↓
8	加拿大	↓	27	哈萨克斯坦	↑	46	埃及	↓
9	日本	↓	28	肯尼亚	↓	47	蒙古国	↓
10	新加坡	↑	29	赞比亚	↑	48	南非	↑
11	意大利	↓	30	印度	↓	49	尼日利亚	↓
12	荷兰	↓	31	土库曼斯坦	↑	50	伊朗	↓
13	韩国	↓	32	土耳其	↓	51	伊拉克	↑
14	捷克共和国	↑	33	马来西亚	↑	52	苏丹	↑
15	罗马尼亚	—	34	老挝	↑	53	白俄罗斯	↓

排名	国家	排名变化	排名	国家	排名变化	排名	国家	排名变化
16	阿联酋	↓	35	埃塞俄比亚	↓	54	安哥拉	↓
17	沙特阿拉伯	↓	36	孟加拉国	↓	55	阿根廷	↓
18	波兰	↑	37	缅甸	↓	56	乌克兰	↓
19	墨西哥	↓	38	越南	↑	57	委内瑞拉	—

注：—表示与 2015 年相比，相对排名没有变化的国家；↑表示与 2015 年相比，相对排名上升的国家；↓表示与 2015 年相比，相对排名下降的国家。

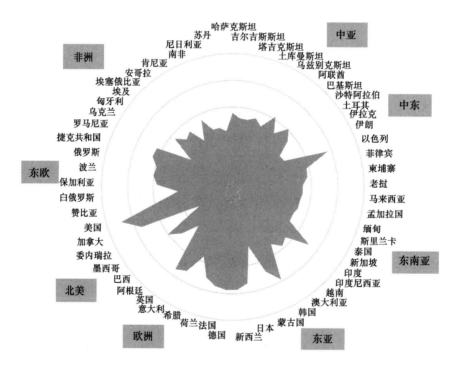

图 1-1 经济基础

2. 政治风险

政治风险方面，与 2015 年相同，我们主要关注 8

个指标。通过分析具体指标，我们发现，与 2015 年相同，发达国家政治风险普遍低于新兴经济体，占据排名前 10 位的除了新晋的阿联酋以外均为发达经济体。

与 2015 年相比，仅有澳大利亚一国相对排名没有变动，其他国家政治风险的相对排名均有不同程度的上升或下降。其中，加拿大、荷兰等 21 国的相对排名有所上升，英国、德国等 35 国的相对排名有所下降。

表 1-10　　　　　　　　　政治风险指标

排名	国家	排名变化	排名	国家	排名变化	排名	国家	排名变化
1	加拿大	↑	20	沙特阿拉伯	↑	39	塔吉克斯坦	↓
2	荷兰	↑	21	以色列	↓	40	越南	↓
3	新西兰	↑	22	印度	↑	41	泰国	↓
4	英国	↓	23	墨西哥	↓	42	老挝	↑
5	德国	↓	24	巴西	↑	43	俄罗斯	↑
6	澳大利亚	—	25	希腊	↓	44	埃塞俄比亚	↑
7	阿联酋	↑	26	保加利亚	↓	45	白俄罗斯	↓
8	日本	↑	27	印度尼西亚	↑	46	巴基斯坦	↑
9	法国	↓	28	蒙古国	↓	47	乌兹别克斯坦	↑
10	新加坡	↓	29	菲律宾	↓	48	伊朗	↑
11	美国	↓	30	赞比亚	↓	49	土库曼斯坦	↓
12	捷克	↓	31	哈萨克斯坦	↓	50	安哥拉	↓
13	匈牙利	↑	32	阿根廷	↑	51	吉尔吉斯斯坦	↓
14	韩国	↓	33	肯尼亚	↓	52	缅甸	↑
15	马来西亚	↑	34	土耳其	↑	53	伊拉克	↑
16	罗马尼亚	↑	35	乌克兰	↓	54	尼日利亚	↓

续表

排名	国家	排名变化	排名	国家	排名变化	排名	国家	排名变化
17	南非	↓	36	柬埔寨	↑	55	埃及	↓
18	波兰	↓	37	斯里兰卡	↓	56	委内瑞拉	↓
19	意大利	↓	38	孟加拉国	↓	57	苏丹	↓

注：—表示与2015年相比，相对排名没有变化的国家；↑表示与2015年相比，相对排名上升的国家；↓表示与2015年相比，相对排名下降的国家。

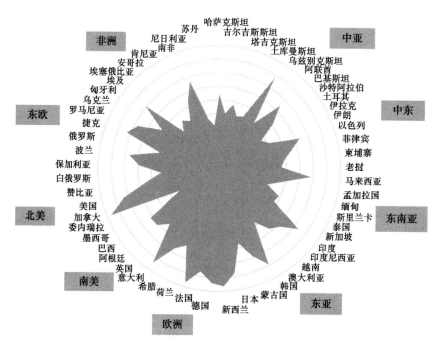

图1-2 政治风险

3. 社会弹性

社会弹性方面，与2015年相同，我们主要关注8个指标。通过分析具体指标，我们发现，与2015年类似，发达国家社会弹性发展状况普遍好于新兴经济体，

15 个发达经济体占据了前 10 位中的 9 位，新兴经济体中阿联酋继续位列前十。

与 2015 年相比，除新加坡、新西兰等 9 国的相对排名没有变动，其他国家社会弹性的相对排名均有不同程度的上升或下降。其中，捷克、日本等 18 国社会弹性的相对排名有所上升，德国、美国等 30 国社会弹性的相对排名有所下降。

表 1-11　　　　　　　　社会弹性指标

排名	国家	排名变化	排名	国家	排名变化	排名	国家	排名变化
1	新加坡	—	20	法国	↑	39	老挝	↑
2	新西兰	—	21	土库曼斯坦	↑	40	阿根廷	↓
3	阿联酋	—	22	哈萨克斯坦	↑	41	埃及	↓
4	英国	—	23	俄罗斯	—	42	乌克兰	↓
5	加拿大	—	24	土耳其	↓	43	泰国	↓
6	荷兰	—	25	斯里兰卡	↓	44	菲律宾	↓
7	捷克	↑	26	白俄罗斯	↑	45	尼日利亚	↓
8	德国	↓	27	以色列	↓	46	苏丹	↑
9	日本	↑	28	吉尔吉斯斯坦	↓	47	南非	↓
10	匈牙利	↑	29	蒙古国	↑	48	伊朗	↓
11	马来西亚	↑	30	柬埔寨	↑	49	孟加拉国	↓
12	韩国	—	31	乌兹别克斯坦	↑	50	埃塞俄比亚	↓
13	美国	↓	32	赞比亚	↑	51	巴西	↓
14	沙特阿拉伯	↓	33	希腊	↓	52	越南	↓
15	保加利亚	↑	34	肯尼亚	↓	53	巴基斯坦	↓
16	罗马尼亚	↑	35	墨西哥	↑	54	伊拉克	↓
17	澳大利亚	↓	36	塔吉克斯坦	↑	55	安哥拉	↓

续表

排名	国家	排名变化	排名	国家	排名变化	排名	国家	排名变化
18	波兰	↓	37	印度尼西亚	↓	56	缅甸	↓
19	意大利	↓	38	印度	↓	57	委内瑞拉	—

注：一表示与2015年相比，相对排名没有变化的国家；↑表示与2015年相比，相对排名上升的国家；↓表示与2015年相比，相对排名下降的国家。

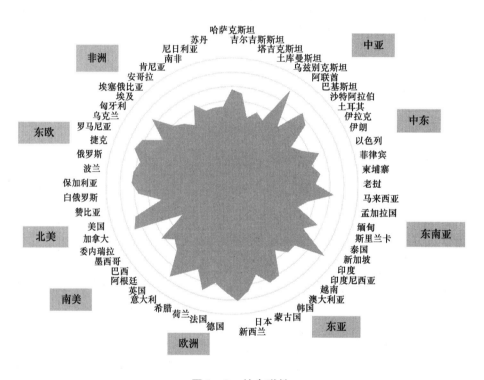

图1-3　社会弹性

4. 偿债能力

偿债能力方面，与2015年相同，我们主要关注8个指标。通过分析具体指标，我们发现，发达经济体偿债能力明显强于新兴经济体，进入排名前10位的都是发达经济体。

与 2015 年相比，除德国、法国、日本 3 国的相对排名没有变动外，其他国家偿债能力的相对排名均有不同程度的上升或下降。其中，韩国、新西兰等 32 国偿债能力的相对排名有所上升，美国、澳大利亚等 22 国偿债能力的相对排名有所下降。

表 1 - 12　　　　　　　　　偿债能力指标

排名	国家	排名变化	排名	国家	排名变化	排名	国家	排名变化
1	德国	—	20	俄罗斯	↑	39	赞比亚	↓
2	韩国	↑	21	泰国	↑	40	马来西亚	↑
3	美国	↓	22	波兰	↑	41	安哥拉	↓
4	新西兰	↑	23	新加坡	↑	42	南非	↑
5	澳大利亚	↓	24	日本	—	43	印度	↓
6	以色列	↑	25	孟加拉	↓	44	巴基斯坦	↑
7	捷克	↓	26	缅甸	↓	45	巴西	↓
8	匈牙利	↑	27	印度尼西亚	↑	46	肯尼亚	↑
9	法国	—	28	土耳其	↑	47	埃及	↑
10	加拿大	↓	29	柬埔寨	↑	48	斯里兰卡	↑
11	伊朗	↑	30	墨西哥	↑	49	白俄罗斯	↓
12	阿联酋	↑	31	哈萨克斯坦	↑	50	埃塞俄比亚	↓
13	乌兹别克斯坦	↑	32	罗马尼亚	↑	51	希腊	↓
14	土库曼斯坦	↓	33	越南	↓	52	苏丹	↓
15	菲律宾	↑	34	沙特阿拉伯	↓	53	吉尔吉斯斯坦	↓
16	意大利	↑	35	保加利亚	↑	54	蒙古国	↓
17	英国	↓	36	伊拉克	↓	55	乌克兰	↑
18	尼日利亚	↑	37	老挝	↑	56	委内瑞拉	↓

续表

排名	国家	排名变化	排名	国家	排名变化	排名	国家	排名变化
19	荷兰	↓	38	阿根廷	↑	57	塔吉克斯坦	↓

注：—表示与 2015 年相比，相对排名没有变化的国家；↑表示与 2015 年相比，相对排名上升的国家；↓表示与 2015 年相比，相对排名下降的国家。

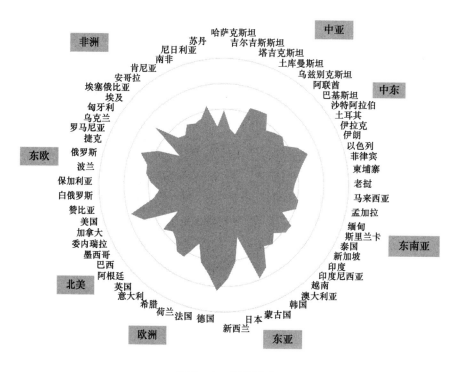

图 1-4　偿债能力

5. 对华关系

对华关系方面，与 2015 年相同，我们主要关注 6 个指标。通过分析具体指标，我们发现，与 2015 年类似，排前 10 位的国家除了新兴经济体外，还有韩国、新加坡、澳大利亚 3 个发达经济体。

与 2015 年相比，除了巴基斯坦等 7 国对华关系的相对排名没有变动外，其他国家对华关系的相对排名均有不同程度的上升或下降。其中，老挝、塔吉克斯坦等 26 国对华关系的相对排名有所上升，韩国、澳大利亚等 24 国的相对排名有所下降。

表 1 - 13　　　　　　　　　　对华关系指标

排名	国家	排名变化	排名	国家	排名变化	排名	国家	排名变化
1	巴基斯坦	—	20	尼日利亚	↑	39	菲律宾	↓
2	老挝	↑	21	法国	↑	40	加拿大	↓
3	塔吉克斯坦	↑	22	以色列	↑	41	阿联酋	↓
4	伊朗	↑	23	英国	↓	42	肯尼亚	↑
5	韩国	↓	24	匈牙利	↑	43	吉尔吉斯斯坦	↓
6	新加坡	—	25	马来西亚	↓	44	土耳其	↑
7	蒙古国	↑	26	印度尼西亚	↓	45	乌克兰	↑
8	土库曼斯坦	↑	27	斯里兰卡	↑	46	阿根廷	—
9	缅甸	↑	28	新西兰	↓	47	罗马尼亚	—
10	澳大利亚	↓	29	意大利	↑	48	赞比亚	↓
11	苏丹	↓	30	美国	↓	49	保加利亚	↑
12	柬埔寨	↓	31	泰国	↓	50	波兰	↓
13	埃塞俄比亚	↑	32	荷兰	↓	51	沙特阿拉伯	↓
14	哈萨克斯坦	↓	33	日本	↓	52	印度	↑
15	俄罗斯	↑	34	白俄罗斯	↑	53	孟加拉国	↑
16	越南	↑	35	乌兹别克斯坦	↓	54	墨西哥	—
17	南非	↓	36	安哥拉	↑	55	捷克	↑
18	德国	↓	37	希腊	↑	56	巴西	↓
19	委内瑞拉	↑	38	埃及	↑	57	伊拉克	—

注：—表示与 2015 年相比，相对排名没有变化的国家；↑表示与 2015 年相比，相对排名上升的国家；↓表示与 2015 年相比，相对排名下降的国家。

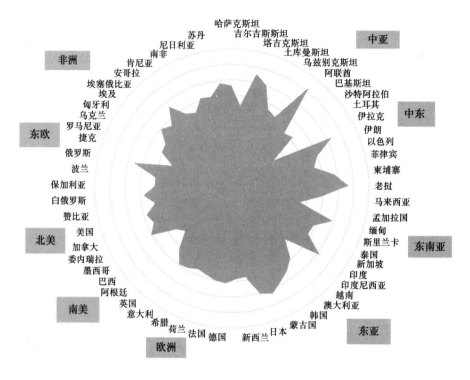

图 1-5　对华关系

五　CROIC-IWEP 国家风险评级主要排名变动国家分析

（一）老挝（↑11）

老挝各项指标上升，增长较为均衡。经济基础略有下降，但社会弹性上升、政治风险下降，对华关系也较为良好。

老挝于 2015 年完成了中央委员会、国会、政府以及省级领导班子的换届工作，政治较为稳定，并且老挝加入东盟经济共同体，对外开放程度也进一步提高。

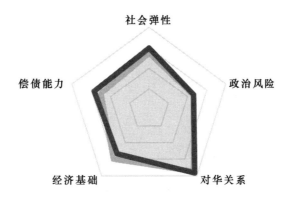

图1－6 老挝2016年五大指标情况

（二）土库曼斯坦（↑10）

各项指标表现良好且稳步前进，在社会弹性、对华关系、经济基础上均有所进步，对外投资和贸易开放度提高，对华合作也逐步加深，对华免签政策实施，投资依存度上升明显。

土库曼斯坦对华免签，且有较丰富的天然气储量，并积极建设连通中亚地区的铁路网，有利于中国企业投资。

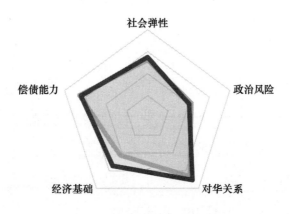

图1－7 土库曼斯坦五大指标情况

（三）赞比亚（↑9）

赞比亚在经济基础和社会弹性方面的得分上升幅度很大，尤其是其放松了资本和人员的流动管制，并且贸易开放度有较大提高，整体投资环境向宽松转变。

2015年，世界银行预计赞比亚在农业和电力领域将有所发展，带动整体经济向好。但是世界铜价依旧低迷，赞比亚出口仍未恢复。

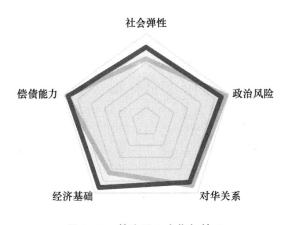

图1-8 赞比亚五大指标情况

（四）柬埔寨（↑8）

柬埔寨对华关系有所下降，资本管制增强，但经济增长显著，且投资、贸易开放程度提高，各项债务指标好转，从而经济基础、偿债能力有很大改善，整体社会弹性也有所上升，尤其是资本和人员流动限制减少，向着利于投资的方向改善。

2015 年柬埔寨与越南发生了边境冲突，政府腐败依旧是较为严重的问题。

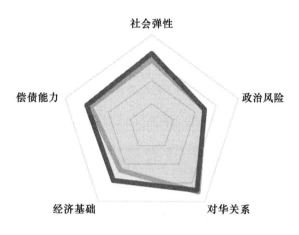

图 1-9　柬埔寨五大指标情况

（五）斯里兰卡（↓11）

斯里兰卡虽然继续保持着对华关系，但经济基础出现全面恶化，投资开放度、GDP 预期并不乐观，国

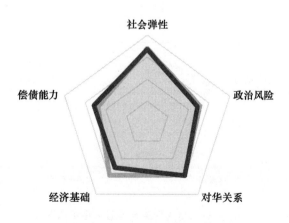

图 1-10　斯里兰卡五大指标情况

内政治风险也在增加，政府稳定性下降。斯里兰卡经济"处于悬崖边缘"，公共债务比率升高，目前已获得 IMF 紧急救助，并按照 IMF 要求进行全面结构性改革。斯里兰卡为应对危局，已重启了与中国的项目。

（六）乌兹别克斯坦（↓11）

在经济基础、偿债能力、社会弹性和政治风险上各项指数均有所恶化，政府稳定性减弱带来一定的政治风险。乌国在对华关系指数上严重下降，尤其是 2015 年对华贸易依存度有很大下降。

2015 年，大宗商品市场低迷，乌兹别克斯坦作为主要生产天然气国所受影响较大，但随着中国—中亚天然气管道 C 线逐步加压，未来输气量可能有所上升，有助于改善乌兹别克斯坦的经济状况和中乌贸易状况。

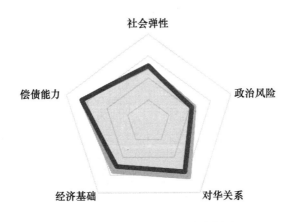

图 1-11　乌兹别克斯坦五大指标情况

（七）泰国（↓6）

泰国虽然经济发展状况良好，但在政治风险、社会弹性和对华关系指数上出现全面的下降，造成总体排名下降较多。

泰国社会动荡加剧，内部冲突依旧是泰国社会的巨大问题。泰国国王于2016年逝世，政治和社会稳定性值得关注。

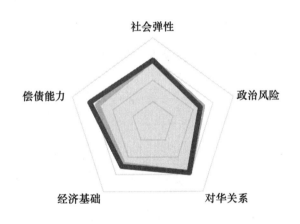

图1-12 泰国五大指标情况

（八）英国（↓5）

英国五项指标有不同程度的小幅下降。英国在2015年经济表现不佳，经济基础和偿债能力下降。同时，2015年，英国社会在关于脱欧、难民等问题上争执不断，整体社会弹性、政治风险、对华关系均受影响。

2016 年，英国已经公投脱欧，并且政府更迭，新首相上台，未来政治和社会不确定性将进一步增强，投资环境是否恶化有待观察。

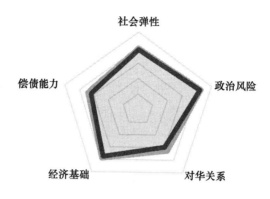

图 1 - 13　英国五大指标情况

2017 年中国海外投资国家风险评级"一带一路"国家子报告

中国社会科学院世界经济与政治研究所

国家风险评级课题组

2014 年 5 月，习近平主席在亚信峰会上正式提出"一带一路"倡议，作为中国首倡、高层推动的国家倡议，其重要意义不言而喻。近年来中国对外直接投资增长迅速，"一带一路"沿线地区是新的投资增长点。2015 年中国对"一带一路"沿线国家直接投资流量达 189.3 亿元，比 2014 年增长了 38.6%，除去对中国香港、荷兰、开曼群岛、英属维尔京群岛、百慕大群岛等避税港地区的投资后，2015 年中国对"一带一路"沿线国家直接投资流量占总数的 64.7%。但同时，由于"一带一路"国家多为发展中国家，整体的经济基础较为薄弱，经济结构单一，经济稳定性差；部分国家地缘政治复杂，政权更迭频繁，政治风险较高，而且内部社会弹性和偿债能力也较低，投资具有较大的不确定性。因此，做好风险预警，对风险进行正确识别和有效应对，是中资企业提高海外投资成功率的前提。

本报告的评级方法与主报告一致，包括经济基础、偿债能力、政治风险、社会弹性和对华关系五大指标。首先，对五大指标之下的细项指标的得分标准化，分别加权得到每个指标的得分，分值区间为0—1，分数越高表示风险越低；其次，对五个指标的得分加权平均，权重均为0.2；最后，将所得分数转化为相应的级别，包括AAA、AA、A、BBB、BB、B、CCC、CC、C共9级，其中AAA和AA为低风险级别，A和BBB为中等风险级别，BB及以下为高风险级别。

2017年，本评级报告对35个"一带一路"国家进行了评级，占到"一带一路"沿线64个国家的一半以上。包括新加坡、以色列、捷克、匈牙利和希腊5个发达经济体，以及阿联酋、沙特阿拉伯等30个新兴经济体。从区域分布来看，涉及非洲国家1个、欧洲国家10个、亚太国家24个。截至2015年年底，中国对上述35个国家的海外投资总量共计1123.68亿美元，占到所有"一带一路"国家的97.14%。2015年中国对"一带一路"沿线国家直接投资流量前十的国家分别是新加坡、俄罗斯、印度尼西亚、阿联酋、印

度、土耳其、越南、老挝、马来西亚和柬埔寨。具体
评级样本及中国对 35 国的投资存量数据参见表 2 - 1。

表 2 - 1 　　　　　　"一带一路"国家风险评级样本

排名	国家	地区	是否发达国家	截至 2015 年投资存量（亿美元）	存量排名变化
1	新加坡	东亚	1	319.85	0
2	俄罗斯	独联体	0	140.2	0
3	印度尼西亚	东亚	0	81.25	1
4	哈萨克斯坦	中亚	0	50.95	− 1
5	老挝	东亚	0	48.41	0
6	阿联酋	西亚	0	46.03	8
7	缅甸	东亚	0	42.59	− 1
8	巴基斯坦	南亚	0	40.36	0
9	印度	南亚	0	37.7	1
10	蒙古国	东亚	0	37.6	− 3
11	柬埔寨	东亚	0	36.76	0
12	泰国	东亚	0	34.4	0
13	越南	东亚	0	33.74	0
14	伊朗	西亚	0	29.49	− 5
15	沙特阿拉伯	西亚	0	24.34	0
16	马来西亚	东亚	0	22.31	0
17	土耳其	中东欧	0	13.29	1
18	吉尔吉斯斯坦	中亚	0	10.7	− 1
19	塔吉克斯坦	中亚	0	9.09	1
20	乌兹别克斯坦	中亚	0	8.82	4
21	斯里兰卡	南亚	0	7.72	5
22	菲律宾	东亚	0	7.11	− 3
23	埃及	非洲	0	6.63	− 2
24	匈牙利	中东欧	1	5.71	− 2
25	白俄罗斯	独联体	0	4.76	3

续表

排名	国家	地区	是否发达国家	截至2015年投资存量（亿美元）	存量排名变化
26	伊拉克	西亚	0	3.88	−1
27	罗马尼亚	中东欧	0	3.61	3
28	波兰	中东欧	0	3.52	−1
29	以色列	西亚	1	3.17	5
30	保加利亚	中东欧	0	2.36	1
31	捷克	中东欧	1	2.24	−2
32	孟加拉国	南亚	0	1.88	0
33	土库曼斯坦	中亚	0	1.33	−10
34	希腊	中东欧	1	1.19	−1
35	乌克兰	独联体	0	0.69	0

注：存量排名变化中正数表示名次上升，负数表示名次下降，0表示没有变化；"是否发达国家"一列中，1表示是，0表示否，后同。

从总的评级结果来看（见表2-2），低风险级别（AAA及AA）仅有新加坡1个国家；中等风险级别（A及BBB）包括26个国家，占35个国家的绝大多数；高风险级别（BB及B）包括8个国家。

表2-2　　　　　　"一带一路"国家评级结果

2017年排名	国家	地区	是否发达国家	排名变化	2017年评级结果	2016年评级结果
1	新加坡	东亚	1	—	AA	AA
2	阿联酋	西亚	0	↑	A	A
3	以色列	西亚	1	↓	A	A
4	匈牙利	中东欧	1	↑	A	A

续表

2017年 排名	国家	地区	是否发 达国家	排名 变化	2017年 评级结果	2016年 评级结果
5	捷克	中东欧	1	↓	A	A
6	罗马尼亚	中东欧	0	↑	A	BBB
7	波兰	中东欧	0	—	A	A
8	马来西亚	东亚	0	↑	A	BBB
9	沙特阿拉伯	西亚	0	↓	BBB	A
10	哈萨克斯坦	中亚	0	↓	BBB	A
11	俄罗斯	独联体	0	↑	BBB	BBB
12	柬埔寨	东亚	0	↑	BBB	BBB
13	印度尼西亚	东亚	0	↓	BBB	BBB
14	保加利亚	中东欧	0	↓	BBB	BBB
15	老挝	东亚	0	↑	BBB	BBB
16	菲律宾	东亚	0	↓	BBB	BBB
17	希腊	中东欧	1	↓	BBB	BBB
18	土耳其	中东欧	0	↓	BBB	BBB
19	土库曼斯坦	中亚	0	↑	BBB	BBB
20	巴基斯坦	南亚	0	↑	BBB	BBB
21	印度	南亚	0	↑	BBB	BBB
22	伊朗	西亚	0	↓	BBB	BBB
23	蒙古国	东亚	0	↑	BBB	BBB
24	泰国	东亚	0	↓	BBB	BBB
25	斯里兰卡	南亚	0	↓	BBB	BBB
26	越南	东亚	0	↑	BBB	BBB
27	缅甸	东亚	0	↓	BBB	BBB
28	塔吉克斯坦	中亚	0	↑	BB	BBB
29	乌兹别克斯坦	中亚	0	↓	BB	BBB
30	孟加拉国	南亚	0	—	BB	BB
31	白俄罗斯	独联体	0	—	BB	BB
32	吉尔吉斯斯坦	中亚	0	↑	BB	BB
33	埃及	非洲	0	↓	BB	BB

2017 年排名	国家	地区	是否发达国家	排名变化	2017 年评级结果	2016 年评级结果
34	乌克兰	独联体	0	—	BB	BB
35	伊拉克	西亚	0	—	B	B

　　总体来看，"一带一路"国家中多为新兴经济体，仅有新加坡、以色列、捷克、匈牙利和希腊 5 个发达经济体，整体的经济基础较为薄弱，经济结构单一，经济稳定性差。部分国家地缘政治复杂，政权更迭频繁，政治风险较高，而且内部社会弹性和偿债能力也较低。值得一提的是，"一带一路"沿线国家对华的政治和经济关系分化较大，既有与中国政治关系密切，经济依存度高的巴基斯坦、老挝等国家，也有对中国怀有警惕心理，投资阻力较大，经济依存度较低的国家，如印度等；还存在由于国内稳定性和开放度原因，使得投资阻力较大，双方经贸往来难度较高的国家，如伊拉克；此外，一些国家虽然与中国政治关系友好，但是经济依存度较低，如沙特和捷克等国。未来，在与中国经济依存度较高的"一带一路"沿线国家投资，推动双方互利共赢，减少对方的警惕心理从而降低投资阻力，签订投资协定，将是促进中国在"一带一路"沿线地区投资规模增加的一大方式。

　　整体来看，发达经济体评级结果普遍好于新兴经济体，政治风险较低，经济基础较好，社会弹性和偿债能力也高于发展中国家，整体投资风险较低。排名前五的国家中除了阿联酋外均为发达经济体，希腊虽然作为发达经济体，但受债务危机影响，偿债能力甚至低于新兴经济体，社会弹性也较低，因此级别评定较低，需要加强防范投资风险。评级最高的新加坡，其经济发展水平、政治稳定性、对华关系、社会弹性都位于很高的水平，对中国的投资依存度较高，而且投资受阻程度很低。此外，新加坡、以色列和匈牙利已成为亚投行的创始成员国，反映了它们对"一带一路"地区基础建设投资的支持态度，未来对中国在"一带一路"地区的直接投资将会有一定助力。

"一带一路"地区的投资风险较高，其中政治风险是最大的潜在风险，而经济基础薄弱则是最大的掣肘。从我们的评级结果来看，低风险评级国家仅有新加坡1个国家，高风险评级国家也只有8个，其余的26个国家为中等风险国家。整体来看，"一带一路"地区国家的经济结构单一，经济发展缺乏内在动力，基础设施供给尤其是电力设施严重不足，但矿产资源存量丰富，市场潜力较大，这些都是"一带一路"战略实施的基础。中国对"一带一路"地区直接投资最多的是在东盟地区，主要集中于印度尼西亚、马来西亚、越南、菲律宾和新加坡等地，投资的主要方向是金属和能源开采、制造业、基础设施（如电力）、建筑业，还有橡胶制品。增长最快的则是南亚地区的印度和巴基斯坦，主要投资到基础设施建设、信息通信技术、软件设计开发、金属开采和制造等行业。

未来，中国对"一带一路"沿线国家的投资可因势利导、因地制宜，根据国家风险水平和区位优势的不同适当调整投资决策。中国应根据不同地区比较优势将投资配置到不同国家，如西亚的能源、东亚和南亚的基础设施建设、俄罗斯和中东欧的加工制造业、印度的通信和软件业等。同时，减小"一带一路"国家对中国的警惕心理，化解其误解和疑虑，规范企业投资行为，通过修改和签订双边投资协定，进一步减小投资阻力和风险，尤其是对经济依存度高，市场需求量大，政治和经济稳定性较高的地区，其投资潜力较大，减小投资阻力可以迅速促进投资的增长。

从分项指标来看（参见表2-3），除了政治风险和对华关系外，其他三项指标中排名第一的均为发达经济体。

表2-3　　　　　2017年"一带一路"国家分指标排名

排名	经济基础	政治风险	社会弹性	偿债能力	对华关系
1	以色列	阿联酋	新加坡	以色列	巴基斯坦
2	新加坡	新加坡	阿联酋	捷克	老挝
3	捷克	捷克	捷克	匈牙利	塔吉克斯坦
4	罗马尼亚	匈牙利	匈牙利	伊朗	伊朗

排名	经济基础	政治风险	社会弹性	偿债能力	对华关系
5	阿联酋	马来西亚	马来西亚	阿联酋	新加坡
6	沙特阿拉伯	罗马尼亚	沙特阿拉伯	乌兹别克斯坦	蒙古国
7	波兰	波兰	保加利亚	土库曼斯坦	土库曼斯坦
8	俄罗斯	沙特阿拉伯	罗马尼亚	菲律宾	缅甸
9	印度尼西亚	以色列	波兰	俄罗斯	柬埔寨
10	菲律宾	印度	哈萨克斯坦	泰国	哈萨克斯坦
11	柬埔寨	希腊	俄罗斯	波兰	俄罗斯
12	保加利亚	保加利亚	土耳其	新加坡	越南
13	匈牙利	印度尼西亚	斯里兰卡	孟加拉国	以色列
14	希腊	蒙古国	白俄罗斯	缅甸	匈牙利
15	哈萨克斯坦	菲律宾	以色列	印度尼西亚	马来西亚
16	印度	哈萨克斯坦	吉尔吉斯斯坦	土耳其	印度尼西亚
17	土库曼斯坦	土耳其	蒙古国	柬埔寨	斯里兰卡
18	土耳其	乌克兰	柬埔寨	哈萨克斯坦	泰国
19	马来西亚	柬埔寨	希腊	罗马尼亚	白俄罗斯
20	老挝	斯里兰卡	印度尼西亚	越南	乌兹别克斯坦
21	孟加拉国	孟加拉国	印度	沙特阿拉伯	希腊
22	缅甸	塔吉克斯坦	老挝	保加利亚	埃及
23	越南	越南	埃及	伊拉克	菲律宾
24	吉尔吉斯斯坦	泰国	乌克兰	老挝	阿联酋
25	塔吉克斯坦	老挝	泰国	马来西亚	吉尔吉斯斯坦
26	巴基斯坦	俄罗斯	菲律宾	印度	土耳其
27	泰国	白俄罗斯	伊朗	巴基斯坦	乌克兰
28	斯里兰卡	巴基斯坦	孟加拉国	埃及	罗马尼亚
29	乌兹别克斯坦	乌兹别克斯坦	土库曼斯坦	斯里兰卡	波兰
30	埃及	伊朗	越南	白俄罗斯	保加利亚
31	蒙古国	土库曼斯坦	巴基斯坦	希腊	沙特阿拉伯
32	伊朗	吉尔吉斯斯坦	乌兹别克斯坦	吉尔吉斯斯坦	印度
33	伊拉克	缅甸	伊拉克	蒙古国	孟加拉国

续表

排名	经济基础	政治风险	社会弹性	偿债能力	对华关系
34	白俄罗斯	伊拉克	缅甸	乌克兰	捷克
35	乌克兰	埃及	塔吉克斯坦	塔吉克斯坦	伊拉克

为了更准确评价"一带一路"国家在各方面的表现，我们需要将其还原到整体样本中去。"一带一路"国家的政治风险、经济基础和偿债能力明显低于57个国家整体样本的水平，但是对华关系好于整体水平。

表2-4　　"一带一路"国家和整体样本的评分比较

	总分	社会弹性	政治风险	对华关系	经济基础	偿债能力
"一带一路"	0.578	0.634	0.535	0.592	0.547	0.583
整体	0.595	0.638	0.576	0.589	0.572	0.599

具体来说，在政治风险方面，"一带一路"国家在整体57个国家排名中处于中等偏低位置，政治风险评分比整体低7%，整体政治风险评分排名前十的国家中，仅有阿联酋和新加坡两国位列其中，排第7位和第10位，而后十名中"一带一路"国家则占了6个。在经济基础方面，"一带一路"国家在整体57个国家排名中也处于中等偏低位置，比整体经济基础评分低4.4%，整体经济基础评分排名前十的国家中，仅有以色列和新加坡位列其中，排第5位和第10位，后十名

中"一带一路"国家则占 4 个。"一带一路"国家的偿债能力和整体样本的差距则小一些，比整体偿债能力评分低 2.7%，以色列、捷克、匈牙利 3 个国家都进入了整体偿债能力前十名，分别位于第 6、7、8 位。在社会弹性方面，"一带一路"国家和整体水平十分接近，在整体样本中的排名也比较分散，其中新加坡、阿联酋、捷克、匈牙利、马来西亚分别位于整体社会弹性排名的第 1、3、7、10、11 位。在对华关系方面，"一带一路"国家高于整体水平，排名较为靠前，对华关系排名前十的国家中有 8 个为"一带一路"国家，其中巴基斯坦排第 1 位。

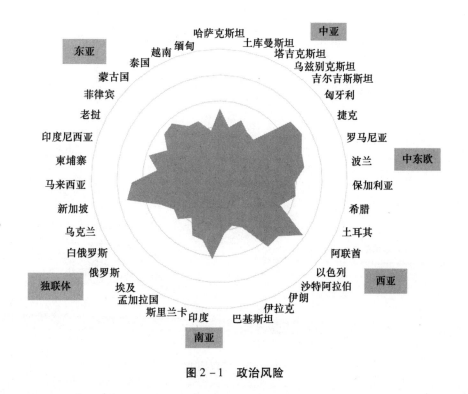

图 2-1　政治风险

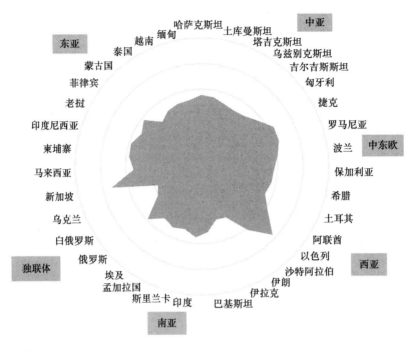

图 2 - 2　经济基础

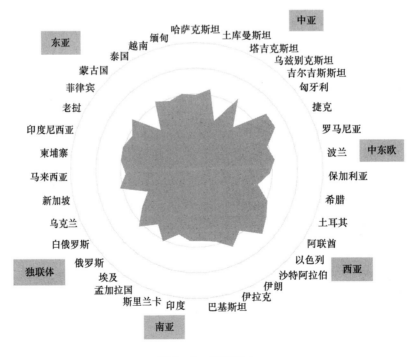

图 2 - 3　偿债能力

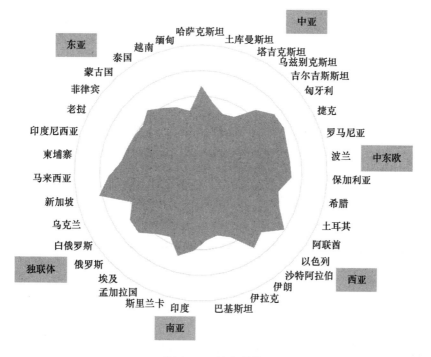

图 2 - 4　社会弹性

图 2 - 5　对华关系

CROIC-IWEP 国家风险评级
原始指标

表 3 - 1   GDP 总量   单位：百亿美元（billion-dollar）

年份 国家	2007	2008	2009	2010	2011	2012	2013	2014	2015	2016
阿根廷	32.98	40.60	37.85	46.28	55.98	60.77	62.21	54.02	62.86	54.17
阿联酋	25.79	31.55	25.35	28.60	34.75	37.23	40.23	40.16	37.03	37.50
埃及	13.05	16.28	18.90	21.89	23.60	26.28	27.20	28.65	33.08	33.08
埃塞俄比亚	1.97	2.71	3.24	2.99	3.20	4.33	4.75	5.48	6.15	6.92
安哥拉	6.04	8.42	7.55	8.25	10.41	11.53	12.42	13.14	10.26	9.19
澳大利亚	85.34	105.50	92.63	114.13	138.81	153.44	156.04	145.38	133.95	125.66
巴基斯坦	15.24	17.01	16.82	17.74	21.38	22.46	23.23	24.69	27.00	27.00
巴西	139.60	169.46	166.46	220.94	261.52	241.32	239.21	234.61	177.47	176.96
白俄罗斯	4.53	6.08	4.92	5.52	5.97	6.36	7.31	7.61	5.46	4.81
保加利亚	4.36	5.33	5.02	4.87	5.58	5.26	5.45	5.57	4.90	5.04
波兰	42.88	53.02	43.65	47.67	52.44	49.62	52.61	54.80	47.48	46.74
德国	343.57	374.69	341.30	341.22	375.19	353.32	373.03	385.26	335.58	349.49
俄罗斯	129.97	166.08	122.26	152.49	190.48	201.61	207.90	186.06	132.60	126.78
法国	266.31	292.35	269.38	264.70	286.25	268.14	281.02	282.92	242.17	248.83
菲律宾	14.94	17.42	16.83	19.96	22.41	25.02	27.21	28.46	29.20	31.17
哈萨克斯坦	10.48	13.34	11.53	14.80	18.80	20.35	23.19	21.22	18.44	12.81

续表

年份 国家	2007	2008	2009	2010	2011	2012	2013	2014	2015	2016
韩国	112.27	100.22	90.19	109.45	120.25	122.28	130.56	141.04	137.79	140.44
荷兰	83.32	93.13	85.81	83.64	89.37	82.31	85.35	86.95	75.25	76.99
吉尔吉斯斯坦	0.38	0.51	0.47	0.48	0.62	0.66	0.73	0.74	0.66	0.58
加拿大	145.79	154.26	137.08	161.40	178.88	183.27	183.90	178.67	155.05	153.23
柬埔寨	0.86	1.04	1.04	1.12	1.28	1.41	1.52	1.67	1.80	1.94
捷克	18.88	23.52	20.57	20.70	22.73	20.68	20.88	20.55	18.18	19.35
肯尼亚	3.20	3.59	3.70	4.00	4.20	5.04	5.49	6.09	6.34	6.92
老挝	0.42	0.54	0.58	0.72	0.83	0.94	1.12	1.18	1.23	1.38
罗马尼亚	17.06	20.43	16.43	16.48	18.26	16.94	18.96	19.90	17.80	18.65
马来西亚	19.35	23.08	20.23	24.75	28.93	30.50	31.32	32.69	29.62	30.27
美国	1447.76	1471.86	1441.87	1496.44	1551.79	1616.32	1676.81	1741.90	1794.70	1856.19
蒙古国	0.42	0.56	0.46	0.72	1.04	1.23	1.25	1.20	1.18	1.12
孟加拉国	7.96	9.16	10.25	11.53	12.86	13.34	15.00	17.38	19.51	22.68
缅甸	N/A	N/A	N/A	N/A	N/A	7.47	5.87	6.43	6.49	6.83
墨西哥	104.35	110.13	89.49	105.11	117.12	118.67	126.22	128.27	114.43	106.36
南非	29.94	28.68	29.59	37.53	41.66	39.74	36.61	34.98	31.28	28.04
尼日利亚	16.65	20.81	16.95	36.91	41.17	46.10	51.50	56.85	48.11	41.51
日本	435.63	484.92	503.51	549.54	590.56	595.45	491.96	460.15	412.33	473.03
沙特阿拉伯	41.60	51.98	42.91	52.68	66.95	73.40	74.43	74.62	64.60	63.78
斯里兰卡	3.24	4.07	4.21	4.96	5.92	5.94	6.72	7.49	8.23	8.22
苏丹	4.59	5.45	5.31	6.56	6.73	6.27	6.65	7.38	8.41	9.43
塔吉克斯坦	0.37	0.52	0.50	0.56	0.65	0.76	0.85	0.92	0.79	0.66
泰国	24.70	27.26	26.37	31.89	34.57	36.60	38.73	37.38	39.53	39.06
土耳其	64.72	73.03	61.46	73.12	77.48	78.89	82.32	79.95	71.82	73.57
土库曼斯坦	1.27	1.93	2.02	2.21	2.92	3.52	4.10	4.79	3.73	3.66
委内瑞拉	23.04	31.56	32.94	39.38	31.65	38.13	37.13	51.00	45.55	33.37
乌克兰	14.27	18.00	11.72	13.64	16.32	17.58	18.33	13.18	9.06	8.72
乌兹别克斯坦	2.23	2.79	3.28	3.93	4.53	5.12	5.68	6.26	6.67	6.68
希腊	31.87	35.46	32.99	29.96	28.88	24.95	24.22	23.76	19.52	19.59

续表

年份 国家	2007	2008	2009	2010	2011	2012	2013	2014	2015	2016
新加坡	18.00	19.22	19.24	23.64	27.54	28.99	30.22	30.79	29.27	29.66
新西兰	13.68	13.19	12.05	14.53	16.61	17.44	18.84	18.58	17.38	17.94
匈牙利	13.86	15.66	12.94	12.96	13.94	12.68	13.34	13.71	12.07	11.71
伊拉克	8.88	13.16	11.17	13.85	18.57	21.80	23.25	22.05	16.86	15.63
伊朗	30.75	35.60	36.27	42.26	57.66	55.79	49.38	41.53	42.67	41.23
以色列	17.67	21.39	20.65	23.29	25.84	25.72	29.06	30.42	29.61	31.17
意大利	220.41	239.19	218.62	212.67	227.81	207.52	213.69	214.43	181.48	185.25
印度	123.87	122.41	136.54	170.85	183.58	183.18	186.18	206.69	207.35	225.10
印度尼西亚	43.22	51.02	53.96	75.51	89.30	91.79	91.05	88.85	86.19	94.10
英国	296.31	279.17	230.90	240.79	259.20	261.49	267.82	294.19	284.88	264.99
越南	7.74	9.91	10.60	11.59	13.55	15.58	17.12	18.62	19.36	20.05
赞比亚	1.41	1.79	1.53	2.03	2.37	2.49	2.68	2.71	2.12	2.06

资料来源：WEO，CEIC。

表 3 - 2　　　　　　　　　　人均 GDP　　　单位：千美元（thousand-dollar）

年份 国家	2007	2008	2009	2010	2011	2012	2013	2014	2015	2016
阿根廷	8.25	10.05	9.28	11.23	13.44	14.44	14.62	12.57	14.57	1.24
阿联酋	42.91	45.72	32.91	34.34	39.78	41.59	44.51	44.20	40.44	38.05
埃及	1.68	2.06	2.35	2.67	2.82	3.07	3.10	3.20	3.61	3.61
埃塞俄比亚	0.24	0.33	0.38	0.34	0.36	0.47	0.50	0.57	0.62	0.76
安哥拉	3.15	4.24	3.68	3.89	4.74	5.08	5.30	5.42	4.10	3.36
澳大利亚	40.98	49.65	42.70	51.80	62.13	67.51	67.47	61.89	56.33	51.59
巴基斯坦	0.95	1.04	1.01	1.04	1.23	1.27	1.28	1.33	1.43	1.43
巴西	7.24	8.70	8.46	11.12	13.04	11.92	11.71	11.38	8.54	8.59
白俄罗斯	4.74	6.38	5.18	5.82	6.31	6.72	7.72	8.04	5.74	5.09
保加利亚	5.78	7.12	6.74	6.58	7.59	7.20	7.50	7.71	6.82	7.09

续表

年份\国家	2007	2008	2009	2010	2011	2012	2013	2014	2015	2016
波兰	11.25	13.91	11.44	12.53	13.78	13.04	13.83	14.42	12.49	12.31
德国	41.76	45.63	41.67	41.73	45.87	43.93	46.25	47.63	41.22	42.33
俄罗斯	9.10	11.64	8.56	10.67	13.32	14.08	14.49	12.74	9.06	8.84
法国	41.60	45.41	41.63	40.71	43.81	40.85	42.63	42.73	36.25	38.54
菲律宾	1.68	1.93	1.84	2.15	2.37	2.61	2.79	2.87	2.90	2.99
哈萨克斯坦	6.77	8.51	7.17	9.07	11.36	12.12	13.61	12.28	10.51	7.14
韩国	23.10	20.47	18.34	22.15	24.16	24.45	26.00	27.97	27.22	27.63
荷兰	50.86	56.63	51.91	50.34	53.54	49.13	50.79	51.59	44.43	45.21
吉尔吉斯斯坦	0.72	0.97	0.87	0.88	1.12	1.18	1.28	1.27	1.10	0.96
加拿大	44.33	46.40	40.76	47.46	52.09	52.73	52.31	50.27	43.25	42.32
柬埔寨	0.63	0.74	0.74	0.78	0.88	0.95	1.01	1.09	1.16	1.23
捷克	18.33	22.65	19.70	19.76	21.66	19.67	19.86	19.55	17.23	18.33
肯尼亚	0.86	0.94	0.94	0.99	1.01	1.18	1.26	1.36	1.38	1.52
老挝	0.71	0.90	0.95	1.15	1.30	1.45	1.70	1.76	1.81	1.92
罗马尼亚	8.17	9.95	8.07	8.14	9.06	8.45	9.49	10.00	8.97	9.44
马来西亚	7.24	8.49	7.31	8.80	10.13	10.51	10.63	10.93	9.77	9.55
美国	48.06	48.40	47.00	48.37	49.78	51.46	52.98	54.63	55.84	57.29
蒙古国	1.63	2.14	1.72	2.65	3.77	4.38	4.39	4.13	3.97	3.70
孟加拉国	0.54	0.62	0.68	0.76	0.84	0.86	0.95	1.09	1.21	1.40
缅甸	0.55	0.73	0.91	1.03	1.19	1.42	1.11	1.20	1.20	1.31
墨西哥	9.22	9.58	7.66	8.86	9.73	9.72	10.20	10.23	9.01	8.70
南非	6.15	5.81	5.91	7.39	8.08	7.59	6.89	6.48	5.69	5.02
尼日利亚	1.13	1.38	1.09	2.31	2.51	2.74	2.98	3.20	2.64	2.26
日本	34.03	37.87	39.32	42.91	46.20	46.68	38.63	36.19	32.48	37.30
沙特阿拉伯	15.95	19.44	15.66	18.75	23.26	24.88	24.65	24.16	20.48	19.92
斯里兰卡	1.61	2.01	2.06	2.40	2.84	2.92	3.28	3.63	3.93	3.87
苏丹	1.08	1.25	1.18	1.42	1.60	1.66	1.73	1.88	2.09	2.38
塔吉克斯坦	0.52	0.71	0.67	0.74	0.84	0.96	1.05	1.11	0.93	0.76

续表

年份 国家	2007	2008	2009	2010	2011	2012	2013	2014	2015	2016
泰国	3.72	4.10	3.96	4.78	5.17	5.45	5.74	5.52	5.82	5.66
土耳其	9.31	10.38	8.62	10.11	10.58	10.65	10.98	10.53	9.13	9.32
土库曼斯坦	2.61	3.92	4.06	4.39	5.72	6.80	7.83	9.03	6.95	6.69
委内瑞拉	8.33	11.22	11.53	13.58	10.75	12.77	12.27	16.61	14.89	10.76
乌克兰	3.07	3.89	2.55	2.97	3.57	3.86	4.03	3.08	2.11	2.05
乌兹别克斯坦	0.83	1.02	1.18	1.38	1.54	1.72	1.88	2.04	2.13	2.13
希腊	28.55	31.70	29.49	26.86	25.96	22.49	21.97	21.68	18.04	18.08
新加坡	39.22	39.72	38.58	46.57	53.12	54.58	55.98	56.29	52.89	53.05
新西兰	32.38	30.97	28.00	33.39	37.90	39.57	42.41	42.32	37.81	38.07
匈牙利	13.78	15.60	12.91	12.96	13.98	12.78	13.49	13.90	12.26	11.90
伊拉克	3.13	4.51	3.73	4.49	5.84	6.65	6.88	6.33	4.63	4.33
伊朗	4.29	4.91	4.94	5.69	7.67	7.33	6.40	5.32	5.33	5.12
以色列	24.61	29.27	27.58	30.55	33.28	32.51	36.05	37.03	35.33	36.56
意大利	37.72	40.66	37.00	35.88	38.36	34.85	35.48	34.96	29.85	30.29
印度	1.05	1.02	1.12	1.39	1.47	1.45	1.46	1.60	1.58	1.72
印度尼西亚	1.86	2.17	2.26	3.13	3.65	3.70	3.62	3.49	3.35	3.64
英国	48.32	45.17	37.08	38.36	40.97	41.05	41.78	45.60	43.73	40.41
越南	0.92	1.16	1.23	1.33	1.54	1.76	1.91	2.05	2.11	2.16
赞比亚	1.10	1.37	1.13	1.46	1.65	1.69	1.76	1.72	1.31	1.23

资料来源: WEO，CEIC。

表3-3 GDP 增速 单位:%

年份 国家	2007	2008	2009	2010	2011	2012	2013	2014	2015
阿根廷	7.97	3.07	0.05	9.45	8.39	0.80	2.89	0.47	11.13
阿联酋	3.18	3.19	-5.24	1.64	4.89	4.68	5.20	3.61	3.18
埃及	7.09	7.15	4.69	5.14	1.82	2.19	2.11	2.20	4.20
埃塞俄比亚	11.46	10.79	8.80	12.55	11.18	8.65	10.49	9.94	9.61

续表

年份 国家	2007	2008	2009	2010	2011	2012	2013	2014	2015
安哥拉	22.59	13.82	2.41	3.41	3.92	5.16	6.80	3.90	3.00
澳大利亚	3.76	3.70	1.73	1.96	2.32	3.73	2.51	2.47	2.26
巴基斯坦	4.83	1.70	2.83	1.61	2.75	3.51	4.41	5.41	5.54
巴西	6.01	5.02	-0.24	7.57	3.92	1.76	2.74	0.14	-3.85
白俄罗斯	8.60	10.20	0.20	7.74	5.54	1.73	1.07	1.59	-3.89
保加利亚	6.91	5.75	-5.01	0.66	1.98	0.49	1.07	1.71	2.97
波兰	7.16	3.87	2.62	3.71	4.77	1.82	1.71	3.37	3.65
德国	3.27	1.05	-5.64	4.09	3.59	0.38	0.11	1.60	1.69
俄罗斯	8.54	5.25	-7.82	4.50	4.26	3.41	1.34	0.64	-3.73
法国	2.36	0.20	-2.94	1.97	2.08	0.18	0.66	0.18	1.16
菲律宾	6.62	4.15	1.15	7.63	3.66	6.80	7.18	6.10	5.81
哈萨克斯坦	8.90	3.30	1.20	7.30	7.50	5.00	6.00	4.30	1.20
韩国	5.46	2.83	0.71	6.50	3.68	2.29	2.90	3.31	2.61
荷兰	4.20	2.08	-3.30	1.07	1.66	-1.59	-0.73	0.87	1.99
吉尔吉斯斯坦	8.54	8.40	2.89	-0.47	5.96	-0.09	10.92	3.60	3.47
加拿大	2.01	1.18	-2.71	3.37	2.96	1.92	2.00	2.53	1.08
柬埔寨	10.21	6.69	0.09	5.96	7.07	7.31	7.36	7.03	7.04
捷克	5.53	2.71	-4.84	2.30	1.96	-0.81	-0.70	1.99	4.20
肯尼亚	6.99	0.23	3.31	8.40	6.11	4.55	5.69	5.33	5.65
老挝	7.60	7.82	7.50	8.53	8.04	8.02	8.52	7.46	7.00
罗马尼亚	6.26	7.86	-6.80	-0.94	2.31	0.35	3.50	1.76	3.74
马来西亚	6.30	4.83	-1.51	7.43	5.19	5.64	4.73	6.03	4.95
美国	1.78	-0.29	-2.78	2.53	1.60	2.32	2.22	2.39	2.43
蒙古国	10.25	8.90	-1.27	6.37	17.29	12.32	11.64	7.82	2.30
孟加拉国	7.06	6.01	5.05	5.57	6.46	6.52	6.01	6.12	6.55
缅甸	N/A	N/A	N/A	N/A	N/A	N/A	8.24	8.50	6.99
墨西哥	3.15	1.40	-4.70	5.11	4.04	4.01	1.39	2.12	2.55
南非	5.36	3.19	-1.54	3.04	3.21	2.22	2.21	1.52	1.28

续表

年份 国家	2007	2008	2009	2010	2011	2012	2013	2014	2015
尼日利亚	6.83	6.27	6.93	7.84	4.89	4.28	5.39	6.31	2.65
日本	2.19	-1.04	-5.53	4.65	-0.45	1.75	1.61	-0.10	0.47
沙特阿拉伯	5.99	8.43	1.83	4.76	9.96	5.38	2.67	3.47	3.49
斯里兰卡	6.80	5.95	3.54	8.02	8.25	6.34	7.25	7.37	4.79
苏丹	11.52	7.80	3.24	3.47	-1.97	-2.21	3.31	3.08	3.44
塔吉克斯坦	7.80	7.90	3.80	6.50	7.40	7.50	7.40	6.70	4.20
泰国	5.04	2.48	-2.33	7.81	0.08	6.49	2.89	0.71	2.82
土耳其	4.67	0.66	-4.83	9.16	8.77	2.13	4.19	2.87	3.98
土库曼斯坦	11.06	14.70	6.10	9.20	14.70	11.10	10.20	10.30	6.50
委内瑞拉	8.75	5.28	-3.20	-1.49	4.18	5.63	1.34	-4.00	-5.70
乌克兰	7.90	2.30	-14.80	4.20	5.20	0.20	0.00	-6.80	-9.90
乌兹别克斯坦	9.50	9.42	8.10	8.50	8.30	8.20	8.00	8.10	8.00
希腊	3.54	-0.44	-4.39	-5.45	-8.86	-6.57	-3.90	0.77	-0.23
新加坡	9.11	1.79	-0.60	15.24	6.21	3.41	4.44	2.92	2.01
新西兰	2.96	-1.62	-0.25	1.44	2.22	2.18	2.47	N/A	3.39
匈牙利	0.51	0.88	-6.55	0.79	1.81	-1.48	1.53	3.64	2.94
伊拉克	1.38	6.61	5.81	5.54	10.21	12.62	8.38	-6.43	2.10
伊朗	6.37	1.52	2.28	6.63	3.95	-6.56	-1.92	1.46	1.88
以色列	6.27	3.50	1.90	5.75	4.19	3.00	3.25	2.77	2.49
意大利	1.47	-1.05	-5.48	1.71	0.59	-2.77	-1.70	-0.43	0.76
印度	9.80	3.89	8.48	10.26	6.64	5.08	6.90	7.42	7.57
印度尼西亚	6.35	6.01	4.63	6.22	6.17	6.03	5.58	5.02	4.79
英国	2.56	-0.33	-4.31	1.91	1.65	0.66	1.66	2.55	2.33
越南	7.13	5.66	5.40	6.42	6.24	5.25	5.42	5.98	6.68
赞比亚	8.35	7.77	9.22	10.30	6.34	6.73	6.71	6.00	1.39

资料来源：WDI，CEIC。

表 3 - 4　　　　　　　　　　GDP 5 年波动系数

年份 国家	2012	2013	2014	2015
阿根廷	4.33	4.35	4.25	4.28
阿联酋	4.16	4.42	1.45	1.22
埃及	2.21	1.59	1.38	0.86
埃塞俄比亚	1.66	1.65	1.45	0.87
安哥拉	4.62	1.69	1.37	1.28
澳大利亚	0.96	0.78	0.67	0.50
巴基斯坦	0.81	1.03	1.47	0.97
巴西	3.00	2.90	2.79	2.74
白俄罗斯	4.14	3.23	2.95	3.01
保加利亚	3.87	2.77	0.65	0.87
波兰	1.15	1.30	1.30	1.39
德国	3.88	3.88	1.82	1.21
俄罗斯	5.48	5.16	1.75	2.80
法国	2.03	2.03	0.94	0.70
菲律宾	2.60	2.79	1.57	1.19
哈萨克斯坦	2.68	2.56	1.40	2.00
韩国	2.14	2.13	1.63	0.50
荷兰	2.32	2.01	1.36	1.20
吉尔吉斯斯坦	3.84	4.73	4.70	3.61
加拿大	2.43	2.44	0.62	0.69
柬埔寨	3.03	3.11	0.57	0.17
捷克	3.17	2.87	1.56	1.87
肯尼亚	3.06	1.90	1.45	0.52
老挝	0.37	0.42	0.44	0.51
罗马尼亚	5.31	4.01	1.73	1.29
马来西亚	3.41	3.40	1.03	0.44
美国	2.23	2.24	0.36	0.41
蒙古国	6.92	7.05	4.28	4.99
孟加拉国	0.62	0.62	0.38	0.24

续表

年份 国家	2012	2013	2014	2015
缅甸	N/A	N/A	0.18	0.72
墨西哥	3.97	3.97	1.53	1.05
南非	2.03	1.94	0.69	0.67
尼日利亚	1.46	1.48	1.39	1.22
日本	3.76	3.78	2.02	0.82
沙特阿拉伯	3.20	3.17	2.84	2.62
斯里兰卡	1.90	1.91	0.75	2.24
苏丹	4.21	2.98	2.95	2.63
塔吉克斯坦	1.66	1.57	0.46	1.25
泰国	4.26	4.25	3.44	2.34
土耳其	5.89	5.72	3.32	2.30
土库曼斯坦	3.69	3.12	2.12	2.61
委内瑞拉	4.12	3.71	3.96	4.43
乌克兰	8.18	8.04	4.73	5.37
乌兹别克斯坦	0.53	0.19	0.19	0.12
希腊	3.11	1.98	3.60	3.84
新加坡	6.13	5.87	5.08	1.41
新西兰	1.68	1.11	N/A	0.63
匈牙利	3.38	3.47	1.85	1.84
伊拉克	3.12	3.00	7.45	5.40
伊朗	4.95	5.19	5.15	4.08
以色列	1.43	1.44	1.22	0.93
意大利	2.84	2.84	1.78	1.38
印度	2.56	1.97	1.89	0.67
印度尼西亚	0.67	0.66	0.50	0.54
英国	2.52	2.63	0.68	0.55
越南	0.52	0.54	0.51	0.53
赞比亚	1.67	1.78	1.75	0.89

资料来源：WDI，CEIC。

表 3 - 5   贸易开放度

国家 \ 年份	2007	2008	2009	2010	2011	2012	2013	2014	2015
阿根廷	36.66	37.45	30.84	32.96	34.10	29.75	30.19	30.92	23.16
阿联酋	111.31	127.53	109.58	123.89	132.14	134.79	131.67	132.08	176.57
埃及	68.26	71.00	54.01	52.98	51.52	51.55	34.58	33.11	34.85
埃塞俄比亚	50.40	51.10	40.04	51.37	55.17	48.31	53.83	56.18	37.17
安哥拉	116.40	125.54	109.05	102.03	106.31	101.21	94.37	66.42	75.10
澳大利亚	45.47	45.46	43.37	44.75	45.08	41.31	39.33	40.78	40.99
巴基斯坦	40.13	43.82	34.30	38.72	37.46	35.41	34.57	33.86	28.05
巴西	24.69	26.76	21.45	21.86	23.04	24.53	25.64	25.11	27.37
白俄罗斯	129.32	130.43	113.32	123.01	160.89	161.56	127.14	118.82	119.18
保加利亚	138.49	137.21	103.20	116.79	130.02	135.26	140.20	112.99	131.48
波兰	83.59	83.86	77.58	84.74	90.33	92.41	93.45	76.58	95.93
德国	82.63	84.18	73.62	81.99	87.13	87.80	86.58	86.41	86.03
俄罗斯	52.37	53.93	49.22	50.57	52.11	51.23	50.96	53.13	50.74
法国	58.37	59.86	52.48	57.29	61.28	62.74	62.14	62.71	61.36
菲律宾	86.62	76.60	63.78	69.87	63.74	60.68	59.24	60.93	60.79
哈萨克斯坦	90.95	92.96	73.98	71.70	72.41	73.74	64.94	48.79	53.30
韩国	78.58	104.20	93.12	97.80	105.73	104.48	98.57	93.44	84.84
荷兰	146.48	152.16	130.35	151.88	163.94	174.82	172.59	142.74	154.31
吉尔吉斯斯坦	141.04	148.39	129.60	132.58	129.75	144.33	136.14	158.40	107.63
加拿大	66.00	67.31	58.03	59.63	61.76	61.69	61.57	63.78	65.38
柬埔寨	135.38	130.51	120.97	131.63	155.08	168.94	178.20	169.05	141.74
捷克	145.00	140.67	123.83	144.59	158.45	165.82	168.01	181.71	162.54
肯尼亚	53.15	56.77	50.01	55.42	61.66	56.70	39.45	49.06	44.81
老挝	54.05	54.31	51.73	63.40	65.73	66.37	58.69	N/A	79.00
罗马尼亚	77.69	79.05	70.76	78.79	88.08	88.41	87.72	73.37	82.71
马来西亚	196.13	180.47	166.38	172.66	169.19	165.25	165.53	135.57	134.36
美国	27.49	29.56	24.33	27.85	30.65	30.53	29.87	29.70	28.06
蒙古国	118.95	129.62	109.23	103.32	132.60	114.95	106.43	89.14	86.98
孟加拉国	43.79	47.61	40.23	45.80	52.37	49.44	49.21	40.31	42.09

续表

年份 国家	2007	2008	2009	2010	2011	2012	2013	2014	2015
缅甸	44.80	38.36	34.14	33.04	39.21	27.68	45.92	N/A	45.65
墨西哥	57.82	59.23	56.86	61.48	64.24	66.91	64.99	67.19	72.80
南非	63.00	74.12	55.26	59.42	64.96	66.03	70.01	70.34	62.81
尼日利亚	70.94	77.20	64.25	40.86	47.31	41.35	36.45	28.14	21.45
日本	37.03	38.35	27.91	31.95	33.64	33.56	37.61	40.30	36.78
沙特阿拉伯	92.80	93.75	80.25	79.60	84.00	82.36	81.57	78.64	72.53
斯里兰卡	72.22	67.20	51.72	55.77	63.43	58.65	54.01	40.18	48.48
苏丹	45.18	43.77	38.21	36.67	31.71	25.94	29.67	18.37	18.98
塔吉克斯坦	124.46	102.06	80.54	84.63	86.78	88.68	69.20	69.95	52.75
泰国	146.38	159.79	133.60	142.70	157.55	158.84	152.81	150.71	126.91
土耳其	49.74	53.09	47.90	48.40	56.29	57.20	57.38	59.11	58.78
土库曼斯坦	N/A	N/A	N/A	N/A	N/A	N/A	N/A	N/A	50.80
委内瑞拉	55.58	50.76	34.30	30.21	49.79	46.43	44.27	25.64	45.61
乌克兰	95.12	103.90	94.52	104.32	113.04	107.26	97.38	82.16	107.53
乌兹别克斯坦	70.46	75.88	64.63	56.44	57.49	51.83	51.41	51.41	42.84
希腊	51.91	54.82	44.75	50.89	55.66	59.95	62.11	65.51	60.40
新加坡	396.02	436.11	354.00	365.56	367.08	360.09	351.26	343.48	326.12
新西兰	57.64	65.95	57.43	57.53	60.12	57.80	55.67	45.27	55.94
匈牙利	161.29	163.57	151.50	168.81	182.59	185.18	185.37	187.71	175.55
伊拉克	76.95	78.02	81.07	78.12	77.55	76.28	58.35	59.39	50.41
伊朗	43.70	50.01	34.24	39.07	39.19	34.83	36.35	46.01	44.33
以色列	86.01	81.14	66.30	70.15	74.00	74.03	67.22	46.42	59.42
意大利	56.39	56.40	46.92	53.83	57.42	57.97	56.99	57.37	57.28
印度	43.23	57.90	43.52	47.25	56.08	57.89	56.59	52.27	43.76
印度尼西亚	57.65	61.11	46.37	44.44	48.54	47.77	46.78	39.89	41.94
英国	53.80	58.67	56.58	60.15	64.31	63.22	64.12	59.33	56.83
越南	160.25	159.75	133.00	150.48	165.56	160.72	167.31	154.45	178.77
赞比亚	69.68	63.19	58.80	67.46	74.23	79.59	84.86	65.68	2.39

资料来源：UNCTAD。

表3-6 投资开放度

年份\国家	2007	2008	2009	2010	2011	2012	2013	2014	2015
阿根廷	2.42	2.74	1.25	1.90	2.18	2.70	1.99	1.62	0.26
阿联酋	5.50	4.35	1.58	1.92	2.21	2.58	2.61	3.29	0.55
埃及	9.38	7.01	3.85	3.45	0.06	1.14	1.65	1.76	0.31
埃塞俄比亚	1.13	0.40	0.68	0.96	1.96	0.64	2.01	N/A	0.15
安哥拉	0.03	5.05	2.93	-2.29	-0.89	-3.60	-0.87	N/A	0.30
澳大利亚	6.90	7.30	4.33	4.67	5.20	3.82	2.98	3.42	0.77
巴基斯坦	3.73	3.23	1.43	1.16	0.64	0.42	0.67	0.77	0.12
巴西	4.42	4.53	1.62	3.16	2.88	3.49	3.94	5.23	0.65
白俄罗斯	4.03	3.65	4.02	2.61	6.91	2.55	3.43	2.45	0.37
保加利亚	34.02	21.41	8.49	5.03	4.68	4.05	4.63	5.09	1.03
波兰	7.73	3.72	4.65	5.80	4.44	1.72	-0.63	N/A	0.67
德国	5.57	3.44	4.58	6.82	5.47	4.38	3.46	3.30	0.74
俄罗斯	7.75	7.85	6.53	6.28	6.40	4.93	7.49	4.16	0.63
法国	8.11	6.98	3.97	4.21	3.80	2.97	0.22	0.78	0.86
菲律宾	5.55	1.90	2.35	1.90	1.94	2.95	2.71	4.64	0.36
哈萨克斯坦	15.18	15.38	16.02	7.60	10.07	7.74	5.04	N/A	0.87
韩国	2.75	3.08	2.93	3.45	3.28	3.28	3.15	2.87	0.34
荷兰	14.33	0.49	4.50	-0.88	2.35	1.18	2.86	-0.43	2.36
吉尔吉斯斯坦	5.44	7.33	4.03	9.13	11.19	4.43	10.33	2.84	0.72
加拿大	12.66	9.26	4.70	3.95	5.15	5.10	6.58	6.17	0.96
柬埔寨	10.05	8.07	5.10	6.72	6.43	10.51	9.14	N/A	0.85
捷克	6.49	6.54	4.18	7.45	2.54	6.14	7.23	1.54	0.81
肯尼亚	2.39	0.39	0.44	0.45	-0.11	0.17	0.43	1.42	0.10
老挝	7.66	4.18	3.25	3.88	3.63	3.15	2.65	N/A	0.38
罗马尼亚	6.41	6.90	2.99	2.09	N/A	1.42	2.13	1.98	0.45
马来西亚	10.79	9.95	3.39	10.60	11.48	8.73	7.85	N/A	0.98
美国	6.03	4.65	3.24	4.10	4.50	3.69	4.14	2.58	0.70
蒙古国	9.10	15.13	14.78	24.38	46.20	36.57	17.48	N/A	1.47
孟加拉国	0.84	1.12	0.82	0.75	0.92	1.11	1.00	1.45	0.07

续表

年份\国家	2007	2008	2009	2010	2011	2012	2013	2014	2015
缅甸	3.05	2.50	2.55	2.59	3.92	3.00	4.47	N/A	0.32
墨西哥	3.88	2.70	3.04	3.91	3.07	3.49	4.58	2.18	0.44
南非	3.20	2.71	3.02	0.94	0.96	1.89	4.03	3.63	0.91
尼日利亚	4.15	4.44	5.95	1.89	2.35	1.87	1.09	N/A	0.21
日本	2.17	2.85	1.71	1.58	1.96	1.98	3.14	2.80	0.36
沙特阿拉伯	5.82	8.26	9.00	6.29	2.95	2.26	1.86	1.80	0.42
斯里兰卡	2.03	2.00	1.01	1.05	1.72	1.69	1.46	1.28	0.14
苏丹	5.31	4.77	4.84	4.41	4.00	3.97	4.65	N/A	0.29
塔吉克斯坦	9.68	7.28	1.91	0.14	1.07	3.06	1.27	N/A	0.29
泰国	5.81	4.63	3.42	4.30	2.80	7.41	6.90	5.50	0.72
土耳其	3.73	3.07	1.65	1.45	2.39	2.20	1.95	2.45	0.32
土库曼斯坦	6.76	6.63	22.52	16.39	11.63	8.86	7.46	N/A	0.82
委内瑞拉	1.55	0.75	-0.21	0.95	0.90	0.96	2.41	N/A	0.14
乌克兰	7.83	6.39	4.17	5.24	4.53	5.21	2.69	1.06	0.85
乌兹别克斯坦	3.16	2.55	2.57	4.14	3.64	1.32	1.90	N/A	0.15
希腊	2.27	2.52	1.58	0.74	1.01	0.94	0.93	1.28	0.28
新加坡	47.02	9.89	26.02	37.41	26.33	24.77	30.97	35.14	5.43
新西兰	6.09	2.53	-1.84	1.59	0.77	2.05	-1.11	N/A	0.55
匈牙利	100.14	94.92	-5.23	-35.27	13.74	14.60	-6.07	14.68	1.18
伊拉克	1.10	1.44	1.50	1.10	1.32	1.78	N/A	N/A	0.17
伊朗	0.66	0.56	0.82	0.86	0.74	0.84	0.62	N/A	0.12
以色列	9.85	8.45	2.97	6.27	7.07	4.40	5.96	3.40	0.67
意大利	6.00	2.42	1.59	1.91	3.79	0.33	2.05	1.90	0.52
印度	3.41	5.12	3.78	2.54	2.67	1.78	1.61	2.14	0.21
印度尼西亚	2.68	2.98	1.32	2.58	3.31	3.13	3.78	4.13	0.35
英国	19.17	21.57	-1.79	5.00	4.62	4.97	0.79	1.39	1.14
越南	8.89	9.97	7.83	7.68	6.18	6.14	6.34	N/A	0.58
赞比亚	9.42	5.24	6.29	13.94	4.67	4.13	9.36	1.96	0.89

资料来源：UNCTAD。

表 3 - 7   Chinn-Ito **指数**

年份 国家	2007	2008	2009	2010	2011	2012	2013	2014
阿根廷	- 0.83	- 0.83	- 0.83	- 0.83	- 0.83	- 1.89	- 1.89	- 1.89
阿联酋	2.39	2.39	2.39	2.39	2.39	2.39	2.39	2.39
埃及	2.39	2.39	2.13	1.87	1.61	0.30	- 1.19	- 1.19
埃塞俄比亚	- 1.19	- 1.19	- 1.19	- 1.19	- 1.19	- 1.19	- 1.19	- 1.19
安哥拉	- 1.89	- 1.89	- 1.89	- 1.89	- 1.89	- 1.89	- 1.89	- 1.89
澳大利亚	1.09	1.09	1.09	1.09	1.09	1.35	1.61	1.87
巴基斯坦	- 1.19	- 1.19	- 1.19	- 1.19	- 1.19	- 1.19	- 1.19	- 1.19
巴西	0.91	0.65	0.39	0.13	- 0.13	- 0.13	- 0.13	- 0.13
白俄罗斯	- 0.13	- 1.19	- 1.19	- 1.19	- 1.19	- 1.19	- 1.19	- 1.89
保加利亚	2.39	2.39	2.39	2.39	2.39	2.39	2.39	2.39
波兰	0.04	0.04	0.04	0.04	0.04	0.04	0.04	0.03
德国	2.39	2.39	2.39	2.39	2.39	2.39	2.39	2.39
俄罗斯	- 0.13	- 0.13	0.13	0.39	0.65	0.91	1.17	1.17
法国	2.39	2.39	2.39	2.39	2.39	2.39	2.39	2.39
菲律宾	0.04	0.04	0.04	- 1.19	- 1.19	- 1.19	- 1.19	0.03
哈萨克斯坦	- 1.19	- 1.19	- 1.19	- 1.19	- 1.19	- 1.19	- 1.19	- 1.19
韩国	0.13	0.39	0.65	0.91	1.17	1.17	1.17	1.17
荷兰	2.39	2.39	2.39	2.39	2.39	2.39	2.39	2.39
吉尔吉斯斯坦	2.39	2.39	2.13	1.87	1.61	- 0.41	- 0.67	- 0.68
加拿大	2.39	2.39	2.39	2.39	2.39	2.39	2.39	2.39
柬埔寨	1.17	1.17	1.17	1.17	1.17	1.17	1.17	1.17
捷克	2.39	2.39	2.39	2.39	2.39	2.39	2.39	2.39
肯尼亚	1.09	1.09	1.09	1.09	1.09	1.09	1.09	1.09
老挝	- 1.19	- 1.19	- 1.19	- 1.19	- 1.19	- 1.19	- 1.19	- 1.19
罗马尼亚	2.39	2.39	2.39	2.39	2.39	2.39	2.39	2.39
马来西亚	- 0.13	1.09	- 0.13	- 1.19	- 1.19	- 1.19	- 1.19	- 0.13
美国	2.39	2.39	2.39	2.39	2.39	2.39	2.39	2.39
蒙古国	1.09	1.35	0.91	1.17	1.43	1.69	1.69	1.68
孟加拉	- 1.19	- 1.19	- 1.19	- 1.19	- 1.19	- 1.19	- 1.19	- 1.19

续表

年份 国家	2007	2008	2009	2010	2011	2012	2013	2014
缅甸	-1.89	-1.89	-1.89	-1.89	-1.89	-1.89	-1.89	-1.89
墨西哥	1.09	1.09	1.09	1.09	1.09	1.09	1.09	1.09
南非	-1.19	-1.19	-1.19	-1.19	-1.19	-1.19	-1.19	-1.19
尼日利亚	-0.59	-0.59	-0.59	-0.59	-0.59	-0.59	-0.59	-0.60
日本	2.39	2.39	2.39	2.39	2.39	2.39	2.39	2.39
沙特阿拉伯	1.09	1.09	1.09	1.09	1.09	1.09	1.09	1.09
斯里兰卡	0.04	0.04	0.04	0.04	0.04	0.04	-1.19	-1.19
苏丹	-0.83	N/A	-1.89	-1.63	-1.37	-1.11	-0.85	-0.60
塔吉克斯坦	-1.19	0.04	-1.19	-1.19	-1.19	-1.19	-1.19	-1.19
泰国	-1.19	-0.13	-1.19	-1.19	-1.19	-1.19	-1.19	-1.19
土耳其	-1.19	0.04	0.04	0.04	0.04	0.04	0.04	0.03
土库曼斯坦	-1.89	-1.19	-1.19	-1.19	-1.19	-1.19	-1.19	-1.19
委内瑞拉	-0.59	-0.85	-1.11	-1.37	-1.63	-1.89	-1.89	-1.89
乌克兰	-1.19	-1.19	-1.89	-1.89	-1.89	-1.89	-1.89	-1.89
乌兹别克斯坦	-1.19	-1.19	-1.19	-1.89	-1.89	-1.89	-1.89	-1.89
希腊	2.39	2.39	2.39	2.39	2.39	2.39	2.39	2.39
新加坡	2.39	2.39	2.39	2.39	2.39	2.39	2.39	2.39
新西兰	2.39	2.39	2.39	2.39	2.39	2.39	2.39	2.39
匈牙利	2.39	2.39	2.39	2.39	2.39	2.39	2.39	2.39
伊拉克	N/A	N/A	N/A	N/A	N/A	N/A	N/A	-1.19
伊朗	0.04	0.04	0.04	0.04	0.04	-0.67	-0.67	-0.68
以色列	2.39	2.39	2.39	2.39	2.39	2.39	2.39	2.39
意大利	2.39	2.39	2.39	2.39	2.39	2.39	2.39	2.39
印度	-1.19	-1.19	-1.19	-1.19	-1.19	-1.19	-1.19	-1.19
印度尼西亚	1.09	1.09	1.09	1.09	-0.13	-0.13	-0.13	-0.13
英国	2.39	2.39	2.39	2.39	2.39	2.39	2.39	2.39
越南	-1.19	-0.13	-0.13	-0.13	-0.13	-0.13	-0.13	-0.13
赞比亚	2.39	2.39	2.39	2.39	2.39	2.39	2.39	9.50

资料来源：Bloomberg。

表 3 - 8 居民消费价格指数 （CPI）

年份 国家	2007	2008	2009	2010	2011	2012	2013	2014	2015	2016
阿根廷	8.83	8.58	6.28	10.78	9.47	10.03	10.62	N/A	10.33	39.30
阿联酋	N/A	12.25	1.56	0.88	0.88	0.66	1.10	2.34	4.07	3.55
埃及	9.32	18.32	11.76	11.27	10.05	7.12	9.42	10.15	10.36	13.97
埃塞俄比亚	17.24	44.39	8.47	8.14	33.22	22.77	8.08	7.39	10.13	9.72
安哥拉	12.25	12.47	13.73	14.47	13.47	10.29	8.78	7.28	10.28	48.00
澳大利亚	2.33	4.35	1.82	2.85	3.30	1.76	2.45	2.49	1.51	1.57
巴基斯坦	7.60	20.29	13.65	13.88	11.92	9.69	7.69	7.19	2.54	4.50
巴西	3.64	5.66	4.89	5.04	6.64	5.40	6.20	6.33	9.03	7.25
白俄罗斯	8.42	14.84	12.95	7.74	53.23	59.22	18.31	18.12	13.53	12.98
保加利亚	8.40	12.35	2.75	2.44	4.22	2.95	0.89	-1.42	-0.10	-0.80
波兰	2.39	4.35	3.83	2.71	4.26	3.56	1.03	0.11	-0.99	0.21
德国	2.30	2.63	0.31	1.10	2.08	2.01	1.50	0.91	0.23	1.17
俄罗斯	9.01	14.11	11.65	6.86	8.44	5.07	6.76	7.83	15.53	5.95
法国	1.49	2.81	0.09	1.53	2.12	1.96	0.86	0.51	0.04	0.00
菲律宾	2.90	8.26	4.22	3.79	4.65	3.17	3.00	4.13	1.43	2.89
哈萨克斯坦	10.77	17.15	7.31	7.12	8.35	5.11	5.84	6.72	6.29	9.00
韩国	2.53	4.67	2.76	2.96	4.00	2.19	1.31	1.27	0.71	1.34
荷兰	1.61	2.49	1.19	1.28	2.34	2.45	2.50	0.96	0.60	0.49
吉尔吉斯斯坦	10.18	24.52	6.90	7.97	16.50	2.69	6.61	7.53	6.50	3.33
加拿大	2.14	2.37	0.30	1.78	2.91	1.52	0.94	1.91	1.13	1.84
柬埔寨	7.67	25.00	-0.66	4.00	5.48	2.93	2.94	3.86	1.22	3.21
捷克	2.93	6.35	1.04	1.41	1.94	3.30	1.43	0.34	0.34	1.10
肯尼亚	9.76	26.24	9.23	3.96	14.02	9.38	5.72	6.88	6.58	5.63
老挝	4.52	7.63	0.04	5.98	7.58	4.26	6.36	4.14	1.28	-4.45
罗马尼亚	4.84	7.85	5.59	6.09	5.79	3.33	3.99	1.07	-0.59	-0.29
马来西亚	2.03	5.44	0.58	1.71	3.20	1.66	2.11	3.14	2.10	2.10
美国	2.85	3.84	-0.36	1.64	3.16	2.07	1.46	1.62	0.12	1.82
蒙古国	9.05	25.06	6.28	10.15	9.48	14.98	8.60	13.02	5.78	5.88
孟加拉国	9.11	8.90	5.42	8.13	10.70	6.22	7.53	6.99	6.19	7.03

续表

年份\国家	2007	2008	2009	2010	2011	2012	2013	2014	2015	2016
缅甸	35.02	26.80	1.47	7.72	5.02	1.47	5.52	5.47	10.80	10.40
墨西哥	3.97	5.12	5.30	4.16	3.41	4.11	3.81	4.02	2.72	3.16
南非	7.10	11.54	7.13	4.26	5.00	5.65	5.45	6.38	4.59	6.70
尼日利亚	5.38	11.58	11.54	13.72	10.84	12.22	8.48	8.06	9.02	18.50
日本	0.06	1.37	− 1.35	− 0.72	− 0.28	− 0.03	0.36	2.75	0.79	− 0.14
沙特阿拉伯	4.17	9.87	5.07	5.34	5.82	2.89	3.51	2.67	2.18	4.02
斯里兰卡	15.84	22.56	3.46	6.22	6.72	7.54	6.91	3.28	0.92	5.40
苏丹	7.98	14.31	11.25	13.25	22.11	37.39	29.96	36.91	16.91	16.50
塔吉克斯坦	13.15	20.47	6.45	6.42	12.43	5.83	5.01	6.10	5.71	6.95
泰国	2.24	5.47	− 0.85	3.27	3.81	3.01	2.18	1.90	− 0.90	1.31
土耳其	8.76	10.44	6.25	8.57	6.47	8.89	7.49	8.85	7.67	9.09
土库曼斯坦	6.28	14.52	4.02	10.00	11.94	8.54	9.01	10.97	− 1.00	5.00
委内瑞拉	N/A	N/A	27.08	28.19	26.09	21.07	40.64	62.17	121.74	720.04
乌克兰	12.84	25.23	15.89	9.38	7.96	0.56	− 0.28	12.19	48.72	12.98
乌兹别克斯坦	12.26	12.71	14.12	9.40	12.80	12.19	12.00	11.73	8.68	7.99
希腊	2.90	4.15	1.21	4.71	3.33	1.50	− 0.92	− 1.31	− 1.74	− 0.11
新加坡	2.10	6.52	0.60	2.80	5.25	4.53	2.38	1.01	− 0.54	0.52
新西兰	2.38	3.96	2.12	2.30	4.43	0.88	1.30	0.86	0.23	1.39
匈牙利	7.94	6.07	4.21	4.88	3.96	5.71	1.73	− 0.24	− 0.07	0.80
伊拉克	− 10.07	12.66	6.87	2.88	5.80	6.09	1.88	2.24	− 1.19	2.00
伊朗	17.21	25.55	13.50	10.14	20.63	27.36	39.27	17.24	13.71	8.00
以色列	0.51	4.60	3.32	2.69	3.46	1.71	1.53	0.48	− 0.63	− 0.06
意大利	1.82	3.38	0.75	1.54	2.74	3.04	1.22	0.24	0.04	− 0.57
印度	6.37	8.35	10.88	11.99	8.86	9.31	10.91	6.35	5.87	5.29
印度尼西亚	6.41	9.78	4.81	5.13	5.36	4.28	6.41	6.39	6.36	3.41
英国	2.32	3.61	2.17	3.29	4.48	2.82	2.55	1.46	0.05	1.50
越南	8.30	23.12	7.05	8.86	18.68	9.09	6.59	4.09	0.63	3.50
赞比亚	10.66	12.45	13.40	8.50	6.43	6.58	6.98	7.81	10.10	13.22

资料来源：WEO，CEIC。

表 3 - 9　　　　　　　　　　　失业率

年份\国家	2007	2008	2009	2010	2011	2012	2013	2014	2015	2016
阿根廷	8.50	7.80	8.60	7.70	7.20	7.20	7.50	7.30	5.90	9.19
阿联酋	3.40	4.00	4.20	4.20	4.10	4.00	3.80	N/A	3.70	3.70
埃及	8.90	8.70	9.40	9.00	12.00	12.70	12.70	13.10	12.77	12.67
埃塞俄比亚	5.40	5.40	5.40	5.40	5.40	5.40	5.70	N/A	5.18	5.18
安哥拉	6.80	6.80	7.00	6.90	6.90	6.90	6.80	N/A	6.84	6.84
澳大利亚	4.40	4.20	5.60	5.20	5.10	5.20	5.70	6.10	5.54	5.71
巴基斯坦	5.10	5.00	4.90	5.00	5.00	5.00	5.10	6.00	5.90	5.96
巴西	8.10	7.10	8.30	7.90	6.70	6.10	5.90	N/A	9.00	11.21
白俄罗斯	6.20	6.00	6.10	6.10	6.00	5.90	5.80	5.00	1.00	1.52
保加利亚	6.90	5.60	6.80	10.20	11.30	12.30	12.90	11.80	7.90	8.24
波兰	9.60	7.10	8.20	9.60	9.60	10.10	10.40	12.30	6.90	6.34
德国	8.60	7.50	7.70	7.10	5.90	5.40	5.30	6.70	6.10	4.29
俄罗斯	6.00	6.20	8.30	7.30	6.50	5.50	5.60	5.20	5.80	5.84
法国	8.00	7.40	9.10	9.30	9.20	9.90	10.40	10.00	10.20	9.84
菲律宾	7.40	7.30	7.50	7.30	7.00	7.00	7.10	6.80	5.80	5.90
哈萨克斯坦	7.30	6.60	6.60	5.80	5.40	5.30	5.20	5.10	5.10	5.04
韩国	3.20	3.20	3.60	3.70	3.40	3.20	3.10	3.50	3.50	3.62
荷兰	3.20	2.80	3.40	4.50	4.40	5.30	6.70	7.40	8.20	6.70
吉尔吉斯斯坦	8.20	8.20	8.40	8.60	8.50	8.40	8.00	8.00	2.32	7.38
加拿大	6.00	6.10	8.30	8.00	7.40	7.20	7.10	6.90	6.90	7.04
柬埔寨	0.50	0.20	0.00	0.40	0.30	0.20	0.30	0.30	0.16	0.16
捷克	5.30	4.40	6.70	7.30	6.70	7.00	6.90	7.70	4.46	4.14
肯尼亚	9.50	9.40	9.40	9.30	9.30	9.20	9.20	N/A	9.17	9.17
老挝	1.40	1.40	1.40	1.40	1.40	1.40	1.40	N/A	1.37	1.37
罗马尼亚	6.40	5.80	6.90	7.30	7.40	7.00	7.30	5.20	5.13	6.40
马来西亚	3.20	3.30	3.70	3.40	3.10	3.00	3.20	3.00	3.20	3.15
美国	4.70	5.90	9.40	9.70	9.00	8.20	7.40	6.20	4.80	4.90
蒙古国	7.20	5.60	5.90	6.50	4.80	5.20	4.90	7.70	7.60	7.95
孟加拉国	4.30	4.40	5.00	4.50	4.50	4.50	4.30	N/A	4.38	4.38

续表

年份 国家	2007	2008	2009	2010	2011	2012	2013	2014	2015	2016
缅甸	3.40	3.60	3.50	3.50	3.40	3.30	3.40	N/A	4.00	4.00
墨西哥	3.40	3.50	5.20	5.20	5.30	4.90	4.90	4.80	4.35	4.05
南非	22.30	22.70	23.70	24.70	24.70	25.00	24.90	25.10	25.35	26.32
尼日利亚	7.60	7.60	7.60	7.60	7.60	7.50	7.50	N/A	7.50	12.10
日本	3.90	4.00	5.00	5.00	4.50	4.30	4.00	3.60	3.40	3.18
沙特阿拉伯	5.70	5.10	5.40	5.40	5.80	5.60	5.70	5.70	5.60	5.60
斯里兰卡	6.00	5.20	5.90	4.90	4.20	4.00	4.20	4.40	4.70	4.00
苏丹	14.80	14.80	14.80	14.80	14.80	14.80	15.20	N/A	14.72	20.60
塔吉克斯坦	11.60	11.20	11.50	11.60	11.30	11.00	10.70	N/A	11.01	11.01
泰国	1.20	1.20	1.50	1.00	0.70	0.70	0.70	0.80	0.90	0.75
土耳其	10.30	11.00	14.00	11.90	9.80	9.20	10.00	10.00	10.31	10.17
土库曼斯坦	11.00	11.00	10.90	10.90	10.90	10.80	10.60	N/A	10.59	10.59
委内瑞拉	7.50	6.90	7.80	8.60	8.30	8.10	7.50	7.00	6.82	18.15
乌克兰	6.40	6.40	8.80	8.10	7.90	7.50	7.90	9.30	9.13	9.00
乌兹别克斯坦	11.10	11.10	11.00	11.00	11.00	10.90	10.70	N/A	10.68	10.68
希腊	8.30	7.70	9.50	12.50	17.70	24.20	27.30	26.50	24.96	23.27
新加坡	3.00	3.20	4.30	3.10	2.90	2.80	2.80	2.70	1.69	2.00
新西兰	3.70	4.20	6.10	6.50	6.50	6.90	6.20	5.70	5.75	5.30
匈牙利	7.40	7.80	10.00	11.20	10.90	10.90	10.20	7.70	6.80	6.02
伊拉克	16.90	15.30	15.20	15.20	15.20	15.10	16.00	N/A	15.89	15.89
伊朗	10.60	10.50	12.00	13.50	13.30	13.10	13.20	10.50	10.96	11.29
以色列	7.30	6.10	7.50	6.60	5.60	6.90	6.30	5.90	5.25	5.24
意大利	6.10	6.70	7.80	8.40	8.40	10.70	12.20	12.70	11.89	11.46
印度	3.70	4.10	3.90	3.50	3.50	3.60	3.60	N/A	3.60	3.60
印度尼西亚	9.10	8.40	7.90	7.10	6.60	6.10	6.30	5.90	6.18	5.60
英国	5.40	5.40	7.80	7.90	7.80	8.00	7.50	6.20	5.09	4.96
越南	2.30	2.40	2.60	2.60	2.00	1.80	2.00	2.10	3.37	2.40
赞比亚	15.70	15.70	15.60	13.20	13.20	13.10	13.30	N/A	13.22	13.22

资料来源：WEO，CEIC。

表 3 - 10　　　　　　　　　基尼系数

国家	2014 年
阿根廷	43.57
阿联酋	37.21
埃及	30.75
埃塞俄比亚	33.00
安哥拉	42.66
澳大利亚	33.00
巴基斯坦	29.60
巴西	52.67
白俄罗斯	26.46
保加利亚	35.40
波兰	32.78
德国	30.63
俄罗斯	42.00
法国	30.10
菲律宾	43.03
哈萨克斯坦	28.90
韩国	30.20
荷兰	25.10
吉尔吉斯斯坦	33.39
加拿大	33.68
柬埔寨	31.82
捷克	24.90
肯尼亚	42.50
老挝	36.22
罗马尼亚	27.33
马来西亚	46.21
美国	48.00
蒙古国	36.50
孟加拉国	32.12

续表

国家	2014 年
缅甸	37.61
墨西哥	48.07
南非	62.50
尼日利亚	42.95
日本	37.90
沙特阿拉伯	37.21
斯里兰卡	36.40
苏丹	35.29
塔吉克斯坦	30.77
泰国	39.37
土耳其	40.04
土库曼斯坦	40.80
委内瑞拉	39.00
乌克兰	34.40
乌兹别克斯坦	35.19
希腊	34.74
新加坡	46.40
新西兰	36.20
匈牙利	28.94
伊拉克	29.54
伊朗	44.50
以色列	37.60
意大利	31.90
印度	33.60
印度尼西亚	38.14
英国	32.40
越南	35.62
赞比亚	57.49

资料来源：WDI，CEIC，CIA。

表 3 - 11　　　　　　　　　　　公共债务/GDP

年份\国家	2007	2008	2009	2010	2011	2012	2013	2014	2015	2016
阿根廷	53.22	47.01	47.63	39.16	35.76	37.33	40.22	48.56	56.51	51.75
阿联酋	7.85	12.53	24.08	22.24	17.61	17.09	11.66	12.07	19.42	18.97
埃及	80.19	70.20	73.03	73.17	76.63	78.90	89.03	90.47	87.66	94.63
埃塞俄比亚	36.56	30.23	24.90	27.43	25.74	20.94	21.55	21.86	48.62	57.37
安哥拉	16.43	16.62	49.88	39.80	32.20	29.61	35.16	38.04	62.33	77.71
澳大利亚	9.68	11.74	16.76	20.50	24.24	27.86	30.72	34.26	36.83	40.94
巴基斯坦	52.59	57.93	59.13	61.46	59.53	63.96	64.27	64.22	64.40	66.13
巴西	63.80	61.91	65.04	63.03	61.23	63.54	62.22	65.22	73.70	78.28
白俄罗斯	18.35	21.54	34.69	39.50	45.90	38.46	38.29	37.89	59.91	54.93
保加利亚	17.91	15.02	15.08	14.65	14.83	17.08	17.59	26.90	26.90	29.65
波兰	44.61	47.04	50.26	53.60	54.80	54.36	55.72	48.81	51.29	52.35
德国	63.46	64.90	72.39	80.25	77.64	79.04	76.86	73.11	71.00	68.17
俄罗斯	8.61	7.98	10.63	11.35	11.64	12.67	14.03	17.92	17.71	17.10
法国	64.19	67.85	78.76	81.46	84.95	89.23	92.42	95.14	96.79	97.15
菲律宾	44.64	44.17	44.34	43.46	41.41	40.59	39.09	37.23	37.13	33.38
哈萨克斯坦	5.87	6.77	10.23	10.68	10.41	12.39	12.86	15.12	23.29	21.37
韩国	28.65	27.98	31.22	31.00	31.73	32.32	33.90	35.72	35.94	38.91
荷兰	42.55	54.66	56.39	59.01	61.26	66.52	68.61	68.31	67.61	63.53
吉尔吉斯斯坦	56.81	48.46	58.07	59.73	49.38	48.98	46.10	53.04	68.75	72.13
加拿大	66.71	70.84	83.00	84.56	85.33	87.94	87.66	86.52	91.47	92.09
柬埔寨	30.66	27.49	28.98	29.12	28.69	28.88	28.66	29.54	33.58	32.97
捷克	26.71	27.50	33.13	36.79	39.36	43.85	43.76	41.60	40.95	39.79
肯尼亚	38.37	41.47	41.10	44.40	43.05	40.81	42.24	48.60	52.69	52.65
老挝	64.23	60.34	63.20	62.10	56.90	62.19	60.13	62.51	64.29	61.75
罗马尼亚	12.65	13.39	23.35	30.54	33.87	37.55	38.82	40.38	39.45	39.69
马来西亚	41.22	41.23	52.80	53.51	54.21	56.25	57.71	56.95	57.41	56.63
美国	64.01	72.84	86.04	94.76	99.11	102.39	103.42	104.77	105.83	108.25
蒙古国	N/A	N/A	N/A	N/A	N/A	N/A	N/A	N/A	64.29	64.29
孟加拉	41.91	40.57	39.54	36.62	35.30	33.82	34.66	33.86	33.95	33.97

续表

年份 国家	2007	2008	2009	2010	2011	2012	2013	2014	2015	2016
缅甸	62.42	53.06	55.09	49.63	49.39	48.04	40.81	39.72	32.04	34.22
墨西哥	37.53	42.83	43.92	42.23	43.20	43.17	46.34	50.08	54.00	56.02
南非	27.08	25.94	30.32	34.36	37.64	40.50	43.29	45.87	50.06	51.69
尼日利亚	8.38	7.45	9.57	9.58	10.18	10.40	10.48	10.50	11.50	14.65
日本	183.01	191.81	210.25	215.95	229.84	236.76	242.59	246.42	248.06	250.35
沙特阿拉伯	17.12	12.06	13.99	8.45	5.40	3.59	2.15	1.57	5.81	14.12
斯里兰卡	85.00	81.37	86.06	81.91	78.45	79.17	78.32	75.88	74.43	77.19
苏丹	70.71	68.85	72.11	73.10	70.46	94.72	90.48	74.24	68.93	63.15
塔吉克斯坦	34.60	29.96	36.22	36.34	35.43	32.37	29.18	28.18	35.91	46.91
泰国	38.35	37.27	45.22	42.64	41.69	45.44	45.85	47.17	43.11	43.63
土耳其	39.91	39.98	46.03	42.28	39.14	36.15	36.18	33.49	32.61	31.67
土库曼斯坦	2.42	2.81	2.44	4.11	10.05	18.07	21.07	16.79	23.28	23.25
委内瑞拉	30.84	23.32	28.56	36.30	43.31	45.97	55.38	45.62	48.78	32.85
乌克兰	11.82	19.66	34.12	40.63	36.84	37.54	40.65	71.21	80.18	92.71
乌兹别克斯坦	15.79	12.73	10.98	9.96	9.09	8.55	8.28	8.46	10.69	15.08
希腊	102.78	108.75	126.22	145.67	170.96	156.49	174.95	177.19	178.40	183.44
新加坡	84.72	95.34	99.68	97.04	100.98	105.50	102.12	98.75	98.24	106.36
新西兰	16.98	19.88	25.46	31.52	36.46	36.88	35.52	33.98	30.36	29.89
匈牙利	65.85	71.88	78.12	80.90	81.04	78.51	77.35	76.89	75.52	75.33
伊拉克	117.09	74.17	87.38	53.23	40.57	34.58	32.10	37.02	66.10	75.84
伊朗	12.03	9.28	10.43	12.17	8.93	11.19	11.14	12.17	17.11	14.86
以色列	73.90	72.66	75.02	71.07	69.65	68.31	67.62	68.82	64.62	65.76
意大利	99.73	102.34	112.46	115.29	116.40	123.21	128.61	132.11	132.60	133.24
印度	74.03	74.54	72.53	67.46	68.10	67.45	65.53	64.96	67.20	68.49
印度尼西亚	32.33	30.25	26.48	24.53	23.11	22.96	24.90	25.03	27.25	27.49
英国	43.63	51.78	65.81	76.39	81.83	85.82	87.31	89.54	89.30	89.00
越南	40.90	39.42	46.90	48.35	46.72	48.53	52.14	58.73	59.29	62.00
赞比亚	21.93	19.20	20.52	18.89	20.57	25.47	28.82	31.06	52.95	56.13

资料来源：WDI，WEO。

表 3 - 12 外债/GDP

年份\国家	2007	2008	2009	2010	2011	2012	2013	2014	2015
阿根廷	0.37	0.30	0.34	0.26	0.24	0.22	0.22	0.27	0.24
阿联酋	N/A	N/A	N/A	N/A	N/A	N/A	N/A	N/A	0.01
埃及	0.26	0.21	0.19	0.17	0.15	0.15	0.16	0.14	0.14
埃塞俄比亚	0.13	0.11	0.16	0.25	0.27	0.24	0.26	0.31	0.32
安哥拉	0.20	0.18	0.23	0.21	0.19	0.17	0.19	N/A	0.21
澳大利亚	0.96	0.76	1.12	1.03	0.93	0.91	0.88	0.95	1.05
巴基斯坦	0.28	0.29	0.34	0.35	0.30	0.27	0.24	N/A	0.25
巴西	0.17	0.16	0.17	0.16	0.15	0.18	0.20	0.30	0.37
白俄罗斯	0.28	0.25	0.45	0.51	0.57	0.53	0.54	0.53	0.70
保加利亚	1.00	0.99	1.10	1.03	0.85	0.96	0.97	0.88	0.78
波兰	0.54	0.46	0.64	0.67	0.62	0.74	0.73	0.65	0.69
德国	1.49	1.39	1.54	1.57	1.46	1.75	1.61	1.45	1.47
俄罗斯	0.36	0.29	0.38	0.32	0.28	0.32	0.35	0.32	0.39
法国	1.82	1.67	1.92	1.95	1.83	2.01	1.98	1.94	2.06
菲律宾	0.40	0.33	0.33	0.30	0.27	0.25	0.22	0.27	0.27
哈萨克斯坦	0.92	0.80	0.95	0.81	0.66	0.67	0.64	0.74	0.83
韩国	0.30	0.32	0.38	0.33	0.33	0.33	0.32	0.30	0.29
荷兰	5.31	4.49	4.99	5.04	4.78	5.36	5.30	4.78	5.35
吉尔吉斯斯坦	0.76	0.71	0.88	0.86	0.89	0.91	0.93	N/A	1.15
加拿大	0.59	0.55	0.75	0.71	0.69	0.78	0.76	0.83	1.00
柬埔寨	0.32	0.31	0.33	0.33	0.34	0.40	0.42	N/A	0.50
捷克	0.40	0.35	0.44	0.47	0.42	0.50	0.66	0.61	0.69
肯尼亚	0.24	0.21	0.23	0.22	0.25	0.23	0.25	N/A	0.25
老挝	1.09	0.95	0.99	0.80	0.81	0.79	0.77	N/A	0.46
罗马尼亚	0.49	0.50	0.73	0.75	0.71	0.77	0.71	0.58	0.55
马来西亚	0.44	0.46	0.59	0.55	0.51	0.64	0.68	0.65	0.66
美国	0.93	0.94	0.95	0.97	1.00	0.97	0.98	0.99	0.99
蒙古国	0.41	0.39	0.65	0.83	0.93	1.25	1.51	N/A	1.84
孟加拉国	0.27	0.25	0.24	0.22	0.21	0.20	0.19	0.20	0.20

续表

年份 国家	2007	2008	2009	2010	2011	2012	2013	2014	2015
缅甸	N/A	N/A	N/A	N/A	N/A	0.11	0.13	N/A	0.11
墨西哥	0.19	0.19	0.23	0.25	0.26	0.32	0.35	0.33	0.37
南非	0.24	0.25	0.28	0.29	0.28	0.37	0.38	0.42	0.40
尼日利亚	0.02	0.02	0.04	0.02	0.02	0.02	0.03	N/A	0.05
日本	0.41	0.46	0.41	0.47	0.53	0.51	0.57	0.59	0.71
沙特阿拉伯	N/A	N/A	N/A	N/A	N/A	N/A	N/A	N/A	0.01
斯里兰卡	0.45	0.39	0.39	0.40	0.37	0.40	0.37	0.57	0.54
苏丹	0.43	0.37	0.40	0.34	0.31	0.35	0.34	N/A	0.31
塔吉克斯坦	0.36	0.48	0.54	0.55	0.51	0.48	0.42	N/A	0.45
泰国	0.25	0.24	0.31	0.33	0.32	0.37	0.35	0.38	0.33
土耳其	0.40	0.40	0.45	0.41	0.39	0.43	0.47	0.50	0.55
土库曼斯坦	0.07	0.04	0.03	0.02	0.02	0.01	0.01	N/A	0.01
委内瑞拉	0.25	0.21	0.25	0.25	0.35	0.31	0.32	N/A	0.26
乌克兰	0.55	0.55	0.89	0.92	0.83	0.77	0.81	0.96	1.31
乌兹别克斯坦	0.21	0.18	0.21	0.20	0.19	0.17	0.19	N/A	0.20
希腊	1.43	1.42	1.79	1.82	1.66	2.32	2.38	2.17	2.47
新加坡	5.13	4.91	4.68	4.50	4.18	4.29	4.38	4.32	4.30
新西兰	N/A	N/A	N/A	N/A	1.12	1.15	1.02	N/A	0.98
匈牙利	1.26	1.42	1.86	1.67	1.51	1.59	1.48	1.33	1.30
伊拉克	N/A	N/A	N/A	N/A	N/A	N/A	N/A	N/A	0.01
伊朗	0.07	0.04	0.05	0.05	0.03	0.01	0.02	N/A	0.01
以色列	0.51	0.41	0.45	0.46	0.40	0.38	0.33	0.32	0.30
意大利	1.16	0.98	1.17	1.15	1.04	1.22	1.23	1.15	1.25
印度	0.17	0.19	0.19	0.17	0.18	0.22	0.23	0.22	0.23
印度尼西亚	0.34	0.31	0.33	0.26	0.25	0.27	0.29	0.33	0.36
英国	3.65	3.23	3.90	3.83	3.73	3.72	3.51	3.13	2.90
越南	0.30	0.27	0.31	0.39	0.39	0.38	0.38	N/A	0.38
赞比亚	0.20	0.17	0.25	0.22	0.21	0.22	0.21	N/A	0.25

资料来源：QEDS，WDI。

表 3 – 13　　　　　　　　　　短期外债/总外债

年份 国家	2007	2008	2009	2010	2011	2012	2013	2015
阿根廷	15.93	16.25	15.53	14.07	19.84	19.43	16.27	25.31
阿联酋	N/A	N/A	N/A	N/A	N/A	N/A	N/A	22.12
埃及	6.53	8.47	7.30	8.62	8.61	16.64	6.34	9.26
埃塞俄比亚	1.85	1.72	0.87	4.28	2.03	0.35	1.48	1.52
安哥拉	19.02	15.42	15.24	1.07	0.87	0.82	0.73	0.63
澳大利亚	N/A	N/A	2.13	5.56	5.28	2.89	1.84	24.44
巴基斯坦	5.30	2.77	2.60	3.70	3.96	4.26	3.40	1.84
巴西	16.46	13.94	14.13	18.59	10.43	7.40	6.94	7.69
白俄罗斯	58.95	49.98	41.15	41.78	39.63	34.47	34.75	29.98
保加利亚	32.03	34.83	32.14	30.10	27.23	27.20	25.36	22.61
波兰	N/A	N/A	N/A	N/A	N/A	N/A	N/A	11.15
德国	4.86	5.93	11.09	10.70	15.68	11.99	9.77	33.60
俄罗斯	0.86	0.96	1.08	0.92	0.92	0.73	0.59	8.15
法国	10.27	13.04	19.63	19.49	19.56	15.73	14.19	37.16
菲律宾	11.98	12.03	7.18	10.36	11.49	13.82	18.50	19.49
哈萨克斯坦	11.98	8.89	6.37	7.44	7.04	6.71	6.33	4.20
韩国	N/A	N/A	N/A	N/A	N/A	N/A	N/A	27.10
荷兰	14.50	20.00	24.28	20.35	20.48	13.35	13.07	21.19
吉尔吉斯斯坦	11.08	10.77	10.29	4.74	3.43	3.54	4.52	4.58
加拿大	7.40	8.30	14.39	9.33	12.42	13.76	13.79	36.00
柬埔寨	8.16	10.21	7.90	7.48	11.15	18.37	19.20	14.79
捷克	0.79	0.32	1.62	2.17	3.78	3.18	3.10	31.97
肯尼亚	12.82	11.97	11.78	11.42	15.76	12.46	17.47	14.73
老挝	4.41	3.20	3.44	0.31	0.92	0.64	9.33	7.49
罗马尼亚	34.85	28.01	18.74	21.04	22.95	19.96	19.26	13.30
马来西亚	27.43	36.30	36.53	37.76	44.05	47.57	48.72	39.36
美国	11.32	17.84	23.47	17.42	13.38	12.34	11.82	29.43
蒙古国	3.34	3.19	8.31	6.17	6.06	5.87	8.26	11.27
孟加拉	6.41	8.25	7.86	11.45	13.56	6.58	5.24	17.31

续表

年份 国家	2007	2008	2009	2010	2011	2012	2013	2015
缅甸	12.41	13.13	13.28	13.05	14.42	14.52	12.24	12.05
墨西哥	13.73	13.51	14.71	21.91	22.08	24.81	24.33	16.69
南非	33.01	36.02	26.16	20.28	17.68	19.24	19.49	23.42
尼日利亚	0.00	0.00	0.00	0.00	0.00	0.00	0.00	0.00
日本	24.02	34.85	41.10	44.62	50.59	54.16	53.92	74.66
沙特阿拉伯	N/A	N/A	N/A	N/A	N/A	N/A	N/A	22.12
斯里兰卡	11.28	13.28	1.61	2.95	0.00	0.11	0.02	16.91
苏丹	32.25	32.91	31.90	32.05	25.55	25.02	24.01	24.22
塔吉克斯坦	5.39	3.61	2.79	3.95	3.88	0.43	3.52	1.46
泰国	29.16	30.72	41.20	47.64	43.02	43.35	44.29	31.80
土耳其	16.70	18.17	17.67	25.85	26.80	29.83	33.25	25.69
土库曼斯坦	10.95	6.81	11.30	10.35	10.52	18.03	13.11	9.97
委内瑞拉	31.19	30.20	23.08	21.28	17.26	16.31	20.29	27.25
乌克兰	29.01	20.99	19.04	21.78	24.15	25.58	23.58	14.31
乌兹别克斯坦	4.27	4.33	2.35	3.05	4.34	3.80	3.95	3.76
希腊	N/A	N/A	N/A	N/A	N/A	N/A	N/A	35.44
新加坡	N/A	N/A	N/A	N/A	N/A	N/A	N/A	76.41
新西兰	N/A	N/A	N/A	N/A	N/A	7.27	4.51	22.09
匈牙利	19.10	12.62	11.97	15.19	15.01	11.29	11.66	9.77
伊拉克	N/A	N/A	N/A	N/A	N/A	N/A	N/A	9.91
伊朗	46.14	41.97	48.16	57.98	54.68	12.73	20.92	9.91
以色列	28.16	19.73	21.74	16.35	14.79	14.89	14.71	34.34
意大利	N/A	N/A	N/A	N/A	N/A	N/A	N/A	27.89
印度	17.69	19.29	18.18	19.35	23.17	23.63	21.68	16.99
印度尼西亚	12.62	12.98	13.41	16.67	17.38	18.00	18.29	12.55
英国	4.56	7.79	10.23	9.87	8.04	7.25	4.62	64.22
越南	19.88	16.15	15.68	15.47	18.77	16.73	16.15	18.16
赞比亚	20.12	21.88	12.57	26.94	6.59	6.13	5.93	12.53

资料来源：QEDS。

表 3 - 14   财政余额/GDP

年份 国家	2007	2008	2009	2010	2011	2012	2013	2014	2015	2016
阿根廷	0.30	0.84	-1.58	0.01	-1.95	-2.36	-2.00	-2.70	-7.37	-7.12
阿联酋	21.80	20.08	-4.28	2.01	6.34	10.91	9.94	5.99	-4.88	-3.86
埃及	-7.55	-8.00	-6.90	-8.28	-9.78	-10.52	-14.08	-13.60	-11.70	-12.02
埃塞俄比亚	-3.57	-2.88	-0.93	-1.32	-1.60	-1.17	-1.94	-2.62	-2.50	-2.98
安哥拉	4.66	-4.46	-7.36	3.45	8.68	4.59	-0.34	-2.85	-4.09	-5.35
澳大利亚	1.48	-1.10	-4.56	-5.11	-4.48	-3.38	-3.05	-3.58	-2.77	-2.89
巴基斯坦	-5.12	-7.06	-4.95	-5.91	-6.89	-8.40	-8.13	-4.71	-5.27	-4.36
巴西	-2.74	-1.53	-3.19	-2.72	-2.47	-2.57	-3.06	-6.23	-10.30	-10.38
白俄罗斯	1.52	1.90	-0.38	-0.46	4.24	1.68	-0.93	0.14	-0.26	-5.33
保加利亚	3.14	2.79	-0.89	-3.93	-1.90	-0.45	-1.80	-3.71	-2.86	-0.76
波兰	-2.14	-3.56	-7.23	-7.63	-4.91	-3.74	-4.03	-3.45	-2.93	-2.79
德国	0.22	-0.07	-3.00	-4.05	-0.80	0.10	0.15	0.62	0.64	0.13
俄罗斯	5.98	4.88	-6.31	-3.42	1.54	0.42	-1.28	-1.19	-3.50	-3.93
法国	-2.54	-3.18	-7.16	-6.80	-5.10	-4.86	-4.12	-4.19	-3.65	-3.34
菲律宾	-0.30	0.02	-2.69	-2.36	-0.40	-0.65	-0.13	0.53	-0.01	-0.40
哈萨克斯坦	5.14	1.23	-1.33	1.47	5.95	4.53	5.05	1.93	-5.34	-5.65
韩国	2.17	1.52	0.02	1.53	1.69	1.56	0.65	0.31	-0.18	0.84
荷兰	0.18	0.20	-5.46	-5.05	-4.33	-3.95	-2.28	-2.27	-1.91	-1.13
吉尔吉斯斯坦	-0.64	0.97	-1.11	-5.85	-4.57	-5.66	-3.70	0.23	-1.31	-4.51
加拿大	1.46	-0.30	-4.52	-4.93	-3.75	-3.14	-2.81	-1.76	-1.69	-2.54
柬埔寨	-0.73	0.28	-4.24	-2.85	-4.08	-3.79	-2.12	-0.85	0.09	-2.58
捷克	-0.70	-2.12	-5.54	-4.48	-3.02	-3.98	-1.38	-0.95	-1.89	-0.61
肯尼亚	-2.42	-3.38	-4.34	-4.41	-4.12	-5.04	-5.68	-6.78	-8.38	-7.41
老挝	-2.69	-1.42	-4.15	-3.25	-1.74	-0.51	-5.63	-3.85	-2.91	-3.04
罗马尼亚	-3.10	-4.74	-7.13	-6.30	-4.20	-2.48	-2.47	-1.87	-1.46	-2.80
马来西亚	-2.69	-3.57	-6.73	-4.66	-3.73	-3.87	-4.42	-3.68	-3.03	-3.36
美国	-2.33	-1.76	-7.69	-4.98	-2.88	-1.59	-1.70	-2.09	-3.72	-4.09
蒙古国	2.28	-3.89	-4.47	0.43	-4.01	-9.09	-8.92	-10.97	-8.28	-19.55
孟加拉	-2.23	-4.03	-3.21	-2.68	-3.59	-2.98	-3.38	-3.01	-3.88	-4.26

续表

年份 国家	2007	2008	2009	2010	2011	2012	2013	2014	2015	2016
缅甸	-3.25	-2.44	-4.93	-5.45	-4.63	-1.68	-2.04	-4.32	-4.68	-4.58
墨西哥	-1.16	-0.97	-5.08	-4.27	-3.34	-3.69	-3.83	-4.63	-4.08	-3.00
南非	1.24	-0.46	-4.73	-4.79	-3.87	-4.10	-4.07	-4.10	-4.05	-3.89
尼日利亚	-1.10	5.85	-5.97	-4.23	0.40	0.26	-2.36	-2.31	-3.98	-4.58
日本	-2.09	-4.11	-10.39	-9.30	-9.82	-8.76	-8.52	-7.68	-5.24	-5.21
沙特阿拉伯	15.04	31.55	-4.09	5.19	12.01	14.74	8.74	-0.45	-16.27	-13.02
斯里兰卡	-6.88	-7.02	-9.85	-7.96	-6.88	-6.45	-5.86	-5.91	-6.13	-5.43
苏丹	-3.49	0.57	-5.08	0.28	0.21	-3.34	-2.26	-1.04	-1.69	-1.96
塔吉克斯坦	-5.53	-5.06	-5.23	-2.98	-2.14	0.56	-0.81	0.13	-2.15	-3.95
泰国	0.23	0.13	-3.18	-0.80	-0.59	-1.80	-0.20	-1.83	0.25	-0.37
土耳其	-1.95	-2.72	-6.00	-3.43	-0.61	-1.67	-1.26	-1.50	-1.01	-1.94
土库曼斯坦	3.91	10.00	7.02	2.05	3.65	6.34	1.31	0.80	-0.03	-0.80
委内瑞拉	-2.82	-3.46	-8.69	-10.36	-11.59	-16.48	-14.58	-14.77	-18.68	-25.70
乌克兰	-1.90	-3.03	-6.03	-5.77	-2.76	-4.31	-4.78	-4.52	-1.17	-3.72
乌兹别克斯坦	5.18	10.17	2.78	4.94	8.84	8.45	2.88	1.72	0.87	0.00
希腊	-6.72	-9.91	-15.25	-11.07	-10.12	-6.32	-2.81	-2.70	-4.21	-3.36
新加坡	11.84	6.44	-0.59	6.56	8.47	7.84	5.44	4.24	1.14	2.42
新西兰	3.38	1.47	-1.52	-5.05	-4.80	-1.57	-0.81	-0.60	0.25	-0.41
匈牙利	-4.99	-3.64	-4.46	-4.55	-5.24	-2.32	-2.43	-2.59	-2.23	-1.96
伊拉克	7.83	-0.86	-12.70	-4.18	4.74	4.09	-5.84	-2.97	-14.52	-14.11
伊朗	6.74	0.61	0.83	2.75	0.22	-0.33	-0.94	-1.39	-2.93	-1.07
以色列	-1.17	-3.34	-6.22	-4.60	-3.93	-5.15	-4.09	-3.55	-3.03	-3.39
意大利	-1.53	-2.69	-5.27	-4.24	-3.49	-3.01	-2.86	-3.04	-2.63	-2.46
印度	-4.41	-9.96	-9.75	-8.40	-8.12	-7.48	-7.23	-7.15	-7.17	-6.69
印度尼西亚	-0.95	0.05	-1.64	-1.24	-0.60	-1.59	-2.00	-2.16	-2.53	-2.50
英国	-3.00	-5.11	-10.82	-9.67	-7.64	-7.78	-5.74	-5.69	-4.43	-3.30
越南	-2.01	-0.49	-6.02	-2.76	-1.06	-6.80	-5.88	-5.37	-6.54	-6.54
赞比亚	-1.04	-0.67	-2.06	-2.43	-1.76	-3.23	-6.69	-5.57	-7.72	-8.91

资料来源：WEO。

表 3 - 15 外债/外汇储备

年份 国家	2007	2008	2009	2010	2011	2012	2013	2014	2015
阿根廷	262.17	265.14	266.09	231.37	286.91	307.80	446.30	468.05	651.81
阿联酋	N/A	N/A	N/A	N/A	N/A	N/A	N/A	N/A	4.35
埃及	106.27	97.80	100.49	98.69	188.58	255.21	268.68	276.84	359.83
埃塞俄比亚	204.50	332.70	293.81	N/A	N/A	N/A	N/A	N/A	293.81
安哥拉	106.56	86.75	124.52	85.82	67.04	60.17	73.23	N/A	90.81
澳大利亚	3051.73	2431.58	2492.87	2776.89	2765.27	2846.96	2600.62	2560.82	3025.50
巴基斯坦	265.89	548.80	414.08	359.07	361.56	445.18	737.93	N/A	383.92
巴西	132.22	135.69	118.07	122.10	114.78	118.05	134.46	195.98	187.79
白俄罗斯	298.86	493.66	391.01	565.06	431.44	417.00	587.64	789.78	1394.38
保加利亚	249.78	293.54	298.97	292.15	274.02	247.02	266.53	244.23	182.64
波兰	355.03	394.79	352.34	339.28	330.86	335.85	359.71	352.58	360.46
德国	3764.70	3766.90	2929.59	2486.25	2346.82	2482.68	3021.16	2892.74	8408.34
俄罗斯	96.98	112.56	106.13	101.94	108.34	118.33	143.00	155.11	161.29
法国	4194.09	4724.93	3930.77	3111.68	3099.97	2913.86	3822.90	3817.47	9022.52
菲律宾	175.21	155.23	126.03	97.51	81.23	73.27	72.86	97.54	104.75
哈萨克斯坦	545.50	536.79	473.34	421.53	425.52	478.82	601.24	542.33	748.68
韩国	129.02	156.76	127.43	121.83	130.33	124.78	122.51	117.26	108.88
荷兰	16418.62	14622.02	10889.50	9136.07	8470.00	8047.82	9769.43	9648.17	23199.36
吉尔吉斯斯坦	244.88	296.15	259.98	239.16	299.54	291.57	303.96	N/A	460.53
加拿大	2090.97	1931.88	1892.25	2002.07	1886.62	2071.60	1938.76	1995.56	1951.69
柬埔寨	129.28	120.53	104.66	98.37	107.24	114.58	128.60	N/A	131.79
捷克	217.84	224.43	217.43	227.38	236.11	230.96	244.36	229.57	196.66
肯尼亚	224.19	264.24	223.13	203.69	241.19	202.55	204.15	N/A	216.53
老挝	651.16	590.77	630.26	518.12	570.34	576.42	809.01	N/A	538.45
罗马尼亚	210.48	257.25	270.07	258.36	269.82	279.20	274.43	265.11	278.73
马来西亚	82.57	115.98	123.69	127.48	109.98	139.60	158.04	184.44	206.73
美国	4840.53	4678.56	3380.84	2968.96	2886.49	2730.51	3676.13	3972.70	16623.33
蒙古国	173.86	332.51	224.99	259.12	393.27	372.85	841.72	N/A	1733.08
孟加拉国	404.98	396.60	238.06	230.44	297.84	205.33	153.72	158.56	141.76

续表

年份 国家	2007	2008	2009	2010	2011	2012	2013	2014	2015
缅甸	204.99	190.12	138.49	135.47	113.71	112.49	N/A	N/A	115.15
墨西哥	228.44	216.36	202.14	217.29	202.52	224.95	245.84	216.73	241.01
南非	221.25	207.50	205.44	244.48	238.20	285.81	281.33	295.35	298.25
尼日利亚	7.22	7.54	14.87	20.08	24.72	21.16	29.82	N/A	70.76
日本	181.63	216.41	198.90	236.17	240.40	237.90	221.27	216.27	243.99
沙特阿拉伯	N/A	N/A	N/A	N/A	N/A	N/A	N/A	N/A	1.15
斯里兰卡	411.20	600.41	303.43	276.54	327.52	330.97	335.57	523.56	684.61
苏丹	1424.86	1449.54	1930.95	2145.56	10983.41	11313.49	11616.85	N/A	15165.62
塔吉克斯坦	1577.46	1524.38	1045.91	764.63	640.07	577.55	534.95	N/A	5453.56
泰国	71.73	59.98	58.36	61.81	62.84	73.96	80.95	89.52	85.55
土耳其	337.85	392.24	370.02	348.05	347.28	282.84	296.25	315.83	428.18
土库曼斯坦	N/A	N/A	N/A	N/A	N/A	N/A	N/A	N/A	2957.05
委内瑞拉	168.13	155.21	238.77	327.25	396.39	403.57	585.73	N/A	1879.98
乌克兰	243.12	311.72	393.96	362.07	426.25	553.39	723.60	1675.42	959.96
乌兹别克斯坦	N/A	N/A	N/A	N/A	N/A	N/A	N/A	N/A	2957.05
希腊	12456.50	14464.74	10732.32	8578.04	7116.26	7972.19	9984.26	8249.11	22015.01
新加坡	555.31	531.94	469.28	459.63	472.30	467.45	476.34	508.27	508.11
新西兰	N/A	N/A	N/A	N/A	1094.70	1138.74	1177.23	1196.59	1155.33
匈牙利	725.59	658.03	543.08	479.98	431.73	450.81	423.02	433.55	475.94
伊拉克	N/A	N/A	N/A	N/A	N/A	N/A	N/A	N/A	4.34
伊朗	N/A	N/A	N/A	N/A	N/A	N/A	N/A	N/A	4.34
以色列	315.99	204.52	151.97	149.52	138.34	127.75	116.60	111.68	98.74
意大利	2710.07	2227.94	1945.74	1544.11	1390.79	1398.69	1808.54	1722.71	4822.84
印度	73.78	88.23	90.03	97.06	112.76	131.50	143.43	141.24	143.63
印度尼西亚	259.69	305.78	271.32	206.08	199.41	217.93	260.67	262.08	300.18
英国	18884.32	16979.13	13531.10	11204.26	10224.80	9246.99	9013.15	8558.06	6934.48
越南	99.17	110.87	201.15	360.34	391.99	231.17	252.81	N/A	263.39
赞比亚	262.14	281.09	199.48	211.07	212.75	177.00	208.52	N/A	179.42

资料来源：WDI。

表 3 - 16 经常账户余额/GDP

年份\国家	2007	2008	2009	2010	2011	2012	2013	2014	2015
阿根廷	2.23	1.66	2.20	0.29	-0.41	-0.19	-0.75	-0.94	-2.54
阿联酋	7.62	7.07	3.10	2.53	14.67	21.44	17.75	13.61	5.83
埃及	0.32	-0.87	-1.77	-2.06	-2.32	-2.65	-1.28	-2.03	-3.67
埃塞俄比亚	-4.20	-6.67	-6.75	-1.42	-2.45	-6.89	-6.18	N/A	-6.02
安哥拉	17.50	8.55	-10.03	9.10	12.57	12.01	6.72	N/A	1.44
澳大利亚	-7.52	-4.94	-5.28	-3.92	-3.21	-4.43	-3.22	-2.78	-4.36
巴基斯坦	-5.45	-9.20	-2.37	-0.76	-1.05	-1.04	-1.90	-1.44	-0.59
巴西	0.11	-1.66	-1.46	-2.14	-2.01	-2.25	-3.39	-4.43	-3.32
白俄罗斯	-6.65	-8.16	-12.46	-14.99	-8.46	-2.93	-10.35	-6.69	-3.80
保加利亚	-26.21	-22.27	-8.49	-1.64	0.24	-0.95	1.77	0.83	1.38
波兰	-6.18	-6.59	-3.93	-5.64	-5.15	-3.55	-1.33	-1.14	-0.24
德国	6.79	5.63	5.82	5.67	6.08	6.82	6.50	7.54	8.50
俄罗斯	5.55	6.26	4.12	4.42	5.11	3.54	1.67	3.20	5.25
法国	-0.33	-0.96	-0.82	-0.83	-1.03	-1.56	-1.43	-1.02	-0.20
菲律宾	5.40	0.08	5.02	3.60	2.52	2.78	4.18	4.45	2.88
哈萨克斯坦	-7.97	4.69	-3.56	0.95	5.42	0.53	-0.05	2.19	-3.16
韩国	1.05	0.32	3.72	2.64	1.55	4.16	6.22	6.33	7.68
荷兰	6.30	4.08	4.85	6.91	8.44	8.94	10.20	10.93	9.14
吉尔吉斯斯坦	-5.99	-13.88	-4.31	-6.61	-9.57	-25.36	-22.96	-24.15	-12.38
加拿大	0.78	0.22	-2.94	-3.51	-2.67	-3.27	-2.97	-2.20	-3.34
柬埔寨	-4.93	-7.92	-3.82	-3.65	-3.71	-7.39	-10.56	-9.75	-9.64
捷克	-4.21	-1.87	-2.37	-3.55	-2.21	-1.53	-0.53	0.65	0.93
肯尼亚	-3.23	-5.52	-4.56	-5.92	-9.13	-8.44	-8.87	-10.40	-5.38
老挝	3.30	1.42	-1.04	0.41	-2.49	-4.41	-3.36	-10.01	-18.37
罗马尼亚	-13.53	-11.61	-4.23	-4.40	-4.56	-4.42	-0.94	-0.46	-1.13
马来西亚	15.38	16.86	15.72	10.91	11.58	6.11	3.75	4.14	3.02
美国	-4.96	-4.67	-2.64	-2.97	-2.96	-2.85	-2.39	-2.36	-2.70
蒙古国	4.06	-12.27	-7.46	-12.32	-26.52	-27.35	-25.44	-11.69	-3.99
孟加拉国	1.40	1.36	3.74	1.01	0.30	2.41	1.58	-0.87	1.38

续表

年份 国家	2007	2008	2009	2010	2011	2012	2013	2014	2015
缅甸	5.93	3.61	2.59	3.17	-2.78	-1.69	-1.92	N/A	-7.12
墨西哥	-1.41	-1.83	-0.93	-0.47	-1.14	-1.34	-2.35	-2.07	-2.77
南非	-5.40	-5.72	-2.67	-1.46	-2.18	-4.95	-5.79	-5.46	-4.36
尼日利亚	16.61	14.01	8.18	3.92	3.05	4.42	3.91	1.09	-3.21
日本	4.86	2.93	2.89	3.96	2.14	0.99	0.69	0.53	3.29
沙特阿拉伯	22.45	25.46	4.88	12.67	23.68	22.45	18.20	10.88	-8.28
斯里兰卡	-4.33	-9.54	-0.51	-2.17	-7.80	-6.75	-3.91	-2.69	-2.44
苏丹	-7.84	-6.59	-9.27	-2.63	-1.99	-9.96	-6.74	-6.57	-7.06
塔吉克斯坦	-13.31	0.92	-3.62	-6.55	-2.63	-3.24	-2.39	-6.92	-5.98
泰国	6.35	0.81	8.30	3.12	2.58	-0.40	-0.98	3.51	8.00
土耳其	-5.84	-5.50	-1.95	-6.20	-9.68	-6.15	-7.85	-5.75	-4.47
土库曼斯坦	31.87	18.47	-14.75	-10.60	1.99	0.04	-3.26	N/A	-1.75
委内瑞拉	6.94	10.19	0.69	2.24	7.71	2.89	1.43	N/A	-3.98
乌克兰	-3.68	-7.10	-1.48	-2.21	-6.27	-8.16	-9.01	-4.05	-0.19
乌兹别克斯坦	7.26	8.97	2.30	6.12	5.80	2.72	2.36	N/A	2.81
希腊	-13.99	-14.47	-10.89	-10.10	-9.90	-2.47	0.58	0.93	-0.06
新加坡	25.97	14.43	16.82	23.66	21.99	17.17	17.89	19.09	19.79
新西兰	-6.82	-7.78	-2.50	-2.36	-2.89	-3.96	-3.15	-3.45	-2.92
匈牙利	-7.18	-6.98	-0.77	0.27	0.81	1.79	3.98	4.08	4.17
伊拉克	17.47	21.61	-1.01	4.68	14.07	13.55	N/A	N/A	12.82
伊朗	6.69	9.16	6.30	2.24	4.78	10.72	5.32	6.73	3.72
以色列	3.13	1.49	3.86	3.37	1.52	0.82	2.37	4.25	4.88
意大利	-2.34	-2.81	-1.89	-3.49	-3.07	-0.44	0.94	1.89	2.18
印度	-0.65	-2.53	-1.92	-3.19	-3.41	-4.99	-2.64	-1.51	-1.29
印度尼西亚	2.43	0.02	1.97	0.68	0.19	-2.66	-3.20	-1.75	-2.05
英国	-2.75	-3.71	-2.76	-2.62	-1.66	-3.74	-4.49	-5.49	-5.16
越南	-8.98	-10.92	-6.23	-3.69	0.17	5.82	5.53	N/A	0.47
赞比亚	-5.04	-5.71	3.80	5.95	2.94	3.08	0.71	-1.48	-0.49

资料来源：WDI，CEIC。

表 3 - 17　　　　　　　　　贸易条件

年份 国家	2007	2008	2009	2010	2011	2012	2013	2015
阿根廷	119.15	116.36	137.07	115.15	108.42	112.80	107.14	105.22
阿联酋	94.71	83.90	89.92	91.11	104.51	106.90	104.66	96.53
埃及	143.18	149.77	141.78	138.03	143.21	117.38	130.47	110.91
埃塞俄比亚	57.06	50.23	54.77	70.30	83.88	62.99	64.88	60.65
安哥拉	124.73	116.91	69.15	116.51	127.71	115.04	107.77	84.56
澳大利亚	95.75	104.71	104.45	118.10	124.25	110.05	116.89	114.02
巴基斯坦	65.86	57.78	66.59	68.15	69.40	66.95	67.71	62.43
巴西	134.96	115.47	121.77	112.16	114.97	110.58	102.88	100.14
白俄罗斯	99.84	97.61	88.00	85.53	106.79	117.14	102.19	105.30
保加利亚	83.36	81.72	93.50	109.06	116.77	110.03	116.01	113.61
波兰	130.61	126.07	141.05	138.54	138.38	143.82	153.30	152.16
德国	112.84	109.96	108.94	107.54	105.84	108.84	110.26	111.74
俄罗斯	67.73	69.02	67.56	68.82	68.85	67.39	64.92	69.02
法国	91.77	88.94	89.42	88.68	85.70	87.24	88.10	88.94
菲律宾	84.61	78.99	81.47	85.64	73.75	77.52	80.77	89.40
哈萨克斯坦	83.38	107.43	86.96	110.26	130.70	106.65	96.56	108.58
韩国	96.98	90.32	104.82	102.18	98.63	98.23	101.12	101.52
荷兰	104.67	102.81	105.19	104.11	104.26	103.70	105.24	107.09
吉尔吉斯斯坦	51.75	49.77	60.11	59.65	50.56	38.50	32.22	31.44
加拿大	95.41	96.40	84.78	85.15	86.14	84.83	85.47	88.44
柬埔寨	104.73	100.78	100.27	105.52	100.43	99.27	97.52	111.45
捷克共和国	113.93	113.58	118.17	115.39	117.71	122.05	123.71	125.33
肯尼亚	81.31	80.49	78.36	76.56	69.73	67.37	64.11	59.53
老挝	140.16	126.10	116.76	137.35	149.75	149.04	145.29	130.13
罗马尼亚	72.71	74.42	94.30	100.80	104.04	104.03	113.26	113.23
马来西亚	100.45	106.42	106.02	100.67	101.52	96.67	92.46	93.54
美国	91.53	95.57	105.95	104.56	105.21	106.59	109.08	108.18
蒙古国	102.32	80.54	102.38	101.44	83.73	74.63	77.11	126.47
孟加拉国	93.11	89.56	96.05	95.92	93.83	102.26	111.26	100.02

续表

年份 国家	2007	2008	2009	2010	2011	2012	2013	2015
缅甸	280.07	236.74	224.22	266.29	149.89	141.48	129.94	99.48
墨西哥	101.02	98.71	102.60	103.73	104.44	105.08	104.90	104.18
南非	78.14	78.72	82.49	93.43	86.66	77.86	75.30	73.95
尼日利亚	79.51	71.82	69.58	78.96	84.64	93.76	74.25	67.22
日本	90.90	81.14	83.30	87.82	76.20	71.38	67.96	65.85
沙特阿拉伯	100.80	106.11	78.44	91.60	108.03	97.28	89.42	84.61
斯里兰卡	79.23	70.07	84.55	73.64	58.42	56.56	63.62	67.29
苏丹	86.96	107.25	73.23	97.57	90.16	N/A	N/A	90.69
塔吉克斯坦	51.42	37.01	33.81	38.68	33.71	30.91	23.88	20.61
泰国	98.71	89.07	102.36	94.89	87.36	82.34	81.84	89.64
土耳其	123.78	128.28	142.22	120.44	109.92	126.48	118.38	127.71
土库曼斯坦	175.90	152.02	52.40	81.27	121.91	118.78	128.28	121.09
委内瑞拉	73.41	91.08	67.05	81.52	93.50	77.80	78.36	0.80
乌克兰	77.88	74.97	83.76	80.94	79.38	77.54	78.78	95.54
乌兹别克斯坦	121.25	106.28	113.91	128.85	121.17	89.18	91.32	91.61
希腊	85.54	81.19	83.98	119.01	143.32	159.97	167.29	161.97
新加坡	111.05	103.25	107.19	110.54	109.31	105.01	107.38	109.24
新西兰	89.48	91.26	99.99	105.18	104.12	100.02	102.12	102.36
匈牙利	113.92	113.66	121.81	123.57	125.11	124.18	123.67	120.50
伊拉克	124.32	120.35	70.71	77.46	112.85	108.80	95.16	92.98
伊朗	95.48	95.76	75.09	74.91	103.36	88.09	80.93	84.20
以色列	109.95	108.80	116.73	114.52	107.29	100.50	106.57	108.41
意大利	96.98	95.88	97.31	91.17	92.96	101.85	107.67	111.25
印度	79.59	73.78	77.95	78.57	79.29	73.85	81.52	84.44
印度尼西亚	84.49	72.96	85.04	77.86	75.96	66.00	65.30	65.95
英国	85.95	88.52	83.37	85.81	91.23	83.49	100.87	90.18
越南	83.86	84.07	88.36	92.17	98.26	108.96	108.25	108.85
赞比亚	114.67	100.26	111.98	134.65	124.78	106.02	103.66	101.08

资料来源：WDI。

表 3 - 18 银行不良贷款/贷款总额

年份 国家	2007	2008	2009	2010	2011	2012	2013	2014	2015
阿根廷	3.24	3.11	3.47	2.12	1.40	1.73	1.73	2.03	1.69
阿联酋	2.90	2.30	4.30	5.60	7.20	8.40	7.30	6.50	5.20
埃及	19.30	14.80	13.40	13.60	10.90	9.80	9.30	8.90	7.20
埃塞俄比亚	N/A	N/A	N/A	N/A	N/A	N/A	N/A	N/A	26.40
安哥拉	N/A	N/A	N/A	N/A	N/A	N/A	N/A	N/A	13.30
澳大利亚	0.56	1.26	2.00	2.13	1.96	1.82	1.47	1.10	0.96
巴基斯坦	7.44	9.13	12.15	14.75	16.21	14.47	12.99	12.27	11.36
巴西	2.98	3.11	4.21	3.11	3.47	3.45	2.86	2.85	3.31
白俄罗斯	1.90	1.70	4.20	3.55	4.16	5.50	4.45	4.37	6.83
保加利亚	2.10	2.40	6.42	11.92	14.97	16.63	16.88	16.75	16.77
波兰	5.20	2.82	4.29	4.91	4.66	5.20	4.98	4.89	4.34
德国	2.65	2.85	3.31	3.20	3.03	2.86	2.69	N/A	2.50
俄罗斯	2.50	3.80	9.53	8.23	6.59	6.03	6.00	6.73	8.35
法国	2.70	2.82	4.02	3.76	4.29	4.29	4.50	N/A	3.98
菲律宾	5.80	4.65	3.49	3.38	2.56	2.22	2.44	2.02	1.89
哈萨克斯坦	2.70	7.09	21.16	23.75	30.80	28.25	31.35	23.55	7.95
韩国	0.70	0.57	0.58	0.59	0.48	0.59	0.57	0.62	0.60
荷兰	N/A	1.68	3.20	2.83	2.71	3.10	3.23	3.15	2.71
吉尔吉斯斯坦	3.60	5.30	8.20	15.80	10.20	7.20	5.50	4.50	7.10
加拿大	0.43	0.76	1.27	1.19	0.84	0.65	0.57	0.52	0.51
柬埔寨	N/A	N/A	N/A	N/A	N/A	N/A	N/A	N/A	1.59
捷克	2.37	2.81	4.58	5.39	5.22	5.24	5.20	5.59	5.63
肯尼亚	10.23	9.01	8.00	6.29	4.43	4.59	5.05	5.46	5.99
老挝	N/A	N/A	N/A	N/A	N/A	N/A	N/A	N/A	3.64
罗马尼亚	2.59	2.75	7.89	11.85	14.33	18.24	21.87	15.33	12.33
马来西亚	6.50	4.81	3.63	3.35	2.68	2.02	1.85	1.65	1.60
美国	1.40	2.97	5.00	4.40	3.80	3.30	2.45	1.98	1.52
蒙古国	N/A	N/A	N/A	N/A	N/A	N/A	N/A	N/A	6.64
孟加拉国	14.50	N/A	N/A	N/A	5.85	9.73	8.64	N/A	9.29

续表

年份 国家	2007	2008	2009	2010	2011	2012	2013	2014	2015
缅甸	N/A	N/A	N/A	N/A	N/A	N/A	N/A	N/A	3.64
墨西哥	2.40	2.97	2.81	2.04	2.12	2.44	3.24	2.99	2.52
南非	1.40	3.92	5.94	5.79	4.68	4.04	3.64	3.27	3.12
尼日利亚	N/A	6.25	37.25	20.14	5.77	3.71	3.39	3.72	5.32
日本	1.50	2.40	2.40	2.45	2.43	2.43	2.34	1.93	1.64
沙特阿拉伯	2.10	1.40	3.29	2.97	2.22	1.67	1.31	1.08	1.24
斯里兰卡	N/A	N/A	N/A	N/A	3.82	3.63	5.58	4.23	3.24
苏丹	N/A	N/A	N/A	N/A	N/A	N/A	N/A	N/A	5.10
塔吉克斯坦	4.80	5.40	9.65	7.48	7.22	9.51	13.59	21.21	19.06
泰国	7.90	5.70	5.22	3.89	2.93	2.43	2.30	2.51	2.68
土耳其	3.32	3.44	4.97	3.49	2.58	2.74	2.64	2.80	2.99
土库曼斯坦	N/A	N/A	0.09	0.06	0.01	0.01	N/A	N/A	0.01
委内瑞拉	1.20	N/A	3.00	3.40	1.40	0.90	0.70	0.84	0.80
乌克兰	48.12	3.88	13.70	15.27	14.73	16.54	12.89	18.98	28.03
乌兹别克斯坦	2.80	3.00	1.20	0.97	0.71	0.53	0.41	0.40	0.41
希腊	4.60	4.67	6.95	9.12	14.43	23.27	31.90	34.25	34.67
新加坡	1.50	1.43	2.03	1.41	1.06	1.04	0.87	0.76	0.92
新西兰	0.30	0.90	1.70	2.10	1.70	1.40	1.00	0.90	0.60
匈牙利	2.30	2.98	8.24	10.04	13.68	16.04	16.83	15.62	11.68
伊拉克	N/A	N/A	N/A	N/A	N/A	N/A	N/A	N/A	10.39
伊朗	N/A	N/A	N/A	N/A	N/A	N/A	N/A	N/A	10.39
以色列	1.50	1.50	1.40	3.10	3.42	3.50	2.90	2.35	1.84
意大利	5.78	6.28	9.45	10.03	11.74	13.75	16.54	17.26	17.97
印度	2.70	2.45	2.21	2.39	2.67	3.37	4.03	4.35	5.88
印度尼西亚	4.00	3.19	3.29	2.53	2.14	1.77	1.69	2.07	2.43
英国	0.90	1.56	3.51	3.95	3.96	3.59	3.11	2.65	1.44
越南	N/A	2.15	1.80	2.09	2.79	3.44	N/A	N/A	3.04
赞比亚	N/A	N/A	N/A	14.82	10.38	8.11	6.96	N/A	7.64

资料来源：WDI。

表 3 – 19 在国际储备货币体系中的地位

年份 国家	2015
阿根廷	0
阿联酋	0
埃及	0
埃塞俄比亚	0
安哥拉	0
澳大利亚	0.6
巴基斯坦	0
巴西	0
白俄罗斯	0
保加利亚	0
波兰	0
德国	0.8
俄罗斯	0
法国	0.8
菲律宾	0
哈萨克斯坦	0
韩国	0.2
荷兰	0.4
吉尔吉斯斯坦	0
加拿大	0.6
柬埔寨	0
捷克	0
肯尼亚	0
老挝	0
罗马尼亚	0
马来西亚	0
美国	1
蒙古国	0
孟加拉	0

续表

国家　　　　　年份	2015
缅甸	0
墨西哥	0
南非	0
尼日利亚	0
日本	0.8
沙特阿拉伯	0
斯里兰卡	0
苏丹	0
塔吉克斯坦	0
泰国	0
土耳其	0
土库曼斯坦	0
委内瑞拉	0
乌克兰	0
乌兹别克斯坦	0
希腊	0
新加坡	0.2
新西兰	0.4
匈牙利	0
伊拉克	0
伊朗	0
以色列	0
意大利	0.4
印度	0
印度尼西亚	0
英国	0.8
越南	0
赞比亚	0

资料来源：德尔菲法。

表 3 - 20　　　　　　　　　　　内部冲突

年份 国家	2007	2008	2009	2010	2011	2012	2013	2014	2015
阿根廷		4		4		4		4	4
阿联酋		3		2		3		3	2
埃及		6		6		6		7	7
埃塞俄比亚		8		8		8		7	7
安哥拉		7		7		7		6	6
澳大利亚								1	1
巴基斯坦		8		8		8		8	8
巴西		5		5		5		5	5
白俄罗斯		6		6		6		6	6
保加利亚		4		4		4		4	4
波兰		2		2		2		2	2
德国								1	1
俄罗斯		5		5		5		5	4
法国								1	1
菲律宾		6		6		6		6	7
哈萨克斯坦		5		5		5		5	5
韩国		1		1		1		1	1
荷兰								1	1
吉尔吉斯斯坦		7		7		7		7	7
加拿大								1	1
柬埔寨		8		8		8		8	8
捷克		1		1		1		1	1
肯尼亚		8		7		7		7	7
老挝		7		7		7		6	6
罗马尼亚		4		4		4		4	4
马来西亚		4		4		4		4	4
美国								1	1
蒙古国		8		8		8		8	7
孟加拉国		7		7		7		7	7

续表

年份\国家	2007	2008	2009	2010	2011	2012	2013	2014	2015
缅甸		9		9		9		9	9
墨西哥		5		5		6		6	6
南非		6		6		6		7	6
尼日利亚		9		8		8		8	8
日本								1	1
沙特阿拉伯		4		4		4		4	4
斯里兰卡		6		6		6		6	6
苏丹		8		8		9		9	9
塔吉克斯坦		8		8		8		8	8
泰国		4		5		5		5	6
土耳其		3		3		3		4	5
土库曼斯坦		5		5		5		5	4
委内瑞拉		3		4		4		4	4
乌克兰		5		5		5		5	8
乌兹别克斯坦		7		7		7		7	7
希腊								1	1
新加坡		1		1		1		1	1
新西兰								1	1
匈牙利		1		1		1		1	1
伊拉克		9		9		9		9	10
伊朗		8		7		6		6	5
以色列								3	3
意大利								1	1
印度		6		6		6		5	5
印度尼西亚		5		6		6		6	6
英国								1	1
越南		5		5		5		5	5
赞比亚		8		7		7		7	7

资料来源：BTI。

表 3 - 21 环境政策

年份 国家	2007	2008	2009	2010	2011	2012	2013	2014	2015
阿根廷		5		5		5		5	5
阿联酋		4		5		4		5	6
埃及		3		4		4		4	4
埃塞俄比亚		4		3		3		4	3
安哥拉		2		3		4		3	3
澳大利亚								10	10
巴基斯坦		3		5		5		4	3
巴西		6		6		7		7	6
白俄罗斯		6		6		6		6	6
保加利亚		8		8		8		8	7
波兰		8		8		8		8	7
德国								10	10
俄罗斯		4		3		3		3	4
法国								10	10
菲律宾		5		6		6		7	6
哈萨克斯坦		5		6		5		5	4
韩国		8		8		8		8	7
荷兰								10	10
吉尔吉斯斯坦		4		4		4		3	3
加拿大								10	10
柬埔寨		3		3		3		3	2
捷克		9		9		9		9	8
肯尼亚		4		4		4		4	4
老挝		4		4		4		4	3
罗马尼亚		8		8		8		8	7
马来西亚		6		6		6		6	6
美国								10	10
蒙古国		4		4		4		5	5
孟加拉国		4		5		6		6	6

续表

国家＼年份	2007	2008	2009	2010	2011	2012	2013	2014	2015
缅甸		1		1		1		3	3
墨西哥		6		6		6		6	5
南非		8		7		7		7	7
尼日利亚		3		3		3		3	3
日本								10	10
沙特阿拉伯		3		4		4		4	4
斯里兰卡		5		5		5		5	4
苏丹		2		2		2		2	2
塔吉克斯坦		3		3		3		3	3
泰国		6		6		6		6	6
土耳其		5		5		5		5	4
土库曼斯坦		3		3		3		3	3
委内瑞拉		3		3		3		3	3
乌克兰		5		5		5		5	4
乌兹别克斯坦		4		3		3		4	5
希腊								10	10
新加坡		9		9		8		8	8
新西兰								10	10
匈牙利		9		9		8		8	7
伊拉克		1		1		2		2	2
伊朗		3		3		4		3	3
以色列								10	10
意大利								10	10
印度		5		5		5		5	5
印度尼西亚		4		4		4		4	4
英国								10	10
越南		3		5		6		6	6
赞比亚		4		4		3		3	3

资料来源：BTI。

表 3 - 22 资本和人员流动的限制

年份 国家	2007	2008	2009	2010	2011	2012	2013	2014	2015
阿根廷	4.6	4.6	3.9	3.6	3.4	3.1	3.2	3.2	3.3
阿联酋	5.4	5.7	5.5	5.3	5.5	5.7	5.6	5.6	5.8
埃及	4.5	4.4	3.6	3.6	3.5	3.3	3.4	3.4	3.9
埃塞俄比亚	2.3	1.9	1.4	1.7	1.5	1.6	1.6	1.6	1.6
安哥拉	2.2	0.4	1.5	2.5	2.5	1.9	2.1	2.1	1.9
澳大利亚	3.3	3.2	3.2	3	3.5	4	3.8	3.8	3.9
巴基斯坦	3	2.4	2.3	2.3	2.3	2.3	2.3	2.3	2.2
巴西	5.6	5.4	5.1	5.2	5.2	5	5.1	5.1	4.8
白俄罗斯							4.6	4.6	5.7
保加利亚	6.6	6.5	6.4	6.4	6.1	6.1	6.1	6.1	6.0
波兰	5.1	5.3	4.7	4.6	4.6	4.7	4.7	4.7	4.7
德国	6	6	5.9	5.6	5.6	5.6	5.6	5.6	5.3
俄罗斯	3	2.9	3.5	3.8	3.8	3.9	3.9	3.9	3.8
法国	6.7	6.6	6.6	6.4	6.3	6.2	6.3	6.3	6.1
菲律宾	2.3	2.2	2.2	2.3	2.4	2.3	2.3	2.3	4.3
哈萨克斯坦	2.4	2.1	2.1	2.6	2.6	2.5	2.5	2.5	2.8
韩国	7.3	6.9	7.6	7.8	7.6	7.5	7.6	7.6	7.1
荷兰	7.9	7.8	7.7	7.7	7.7	7.7	7.7	7.7	7.6
吉尔吉斯斯坦	6.1	6	4.4	4.4	4.5	4.7	4.6	4.6	4.8
加拿大	6.7	6.7	6.7	6.6	6.6	6.5	6.5	6.5	6.2
柬埔寨				4.5	4.5	4.6	4.6	4.6	6.5
捷克	5.8	5.7	5.6	5.5	5.6	6.9	6.4	6.4	5.8
肯尼亚	5.1	4.7	4.7	4.5	4.4	4.3	4.4	4.4	4.2
老挝							2.6	2.6	3.6
罗马尼亚	7.2	7	6.7	6.6	6.4	6.4	6.4	6.4	6.5
马来西亚	6	5.7	5.6	6	6	5.9	5.9	5.9	6.0
美国	5.9	5.7	4.8	4.8	4.8	4.8	4.8	4.8	4.1
蒙古国	2.6	2.6	4.1	4.3	4.4	4.3	4.3	4.3	5.2
孟加拉国	2.3	1.6	1.5	2	2	1.8	1.9	1.9	3.0

续表

年份\国家	2007	2008	2009	2010	2011	2012	2013	2014	2015
缅甸						1.3	1.3	1.3	1.3
墨西哥	4.5	4.3	4.3	4.2	4.3	4.2	4.2	4.2	4.5
南非	5.3	4.9	4.9	5.2	5.2	5.1	5.1	5.1	4.6
尼日利亚	4.2	3.6	3.5	3.7	3.7	3.8	3.8	3.8	4.2
日本	5.6	5.6	5.6	5.5	5.5	5.8	5.7	5.7	6.4
沙特阿拉伯				3	2.9	2.6	2.7	2.7	2.5
斯里兰卡	5.4	4.9	4.9	5.1	5.2	5.2	5.2	5.2	3.4
苏丹							3.7	3.7	4.0
塔吉克斯坦				2.2	2.7	2.7	2.7	2.7	4.0
泰国	3.2	2.8	2.9	3.1	3.2	3.1	3.1	3.1	3.2
土耳其	6.3	6.1	6.4	6.3	6	6	6	6	5.2
土库曼斯坦							3.3	3.3	3.9
委内瑞拉	4.5	4.3	3.5	3.5	3.4	3.3	3.4	3.4	3.0
乌克兰	3.3	3	3.1	2.9	2.8	2.8	2.8	2.8	2.8
乌兹别克斯坦							3.3	3.3	3.9
希腊	5.6	5.6	5.5	5.1	5	5	5	5	4.9
新加坡	8.5	8.3	8.5	8.6	8.5	8.5	8.5	8.5	8.5
新西兰	7	7.1	7.1	6.8	6.8	6.6	6.7	6.7	6.6
匈牙利	6.1	6	6	5.9	5.7	5.6	5.7	5.7	5.5
伊拉克							0.9	0.9	1.1
伊朗	0	0	1	1	1	0.9	0.9	0.9	1.1
以色列	8.2	7.8	7.8	7.6	7.1	6.6	6.9	6.9	6.5
意大利	6.5	6.4	6.3	6.2	6	5.8	5.9	5.9	5.6
印度	2.5	2.2	2	2.2	2.1	2	2.1	2.1	1.9
印度尼西亚	3.3	3	3.1	2.9	2.9	2.9	2.9	2.9	3.9
英国	8.6	8.4	8.6	8.5	8.3	8.3	8.3	8.3	7.2
越南	2.4	2	1.9	2.2	2.2	2.4	2.3	2.3	2.4
赞比亚	7	6.8	6.6	6.8	6.7	6.6	6.7	6.7	7.9

资料来源：EFW。

表 3 - 23 　　　　　　　　劳动力市场管制

年份 国家	2007	2008	2009	2010	2011	2012	2013	2014	2015
阿根廷	5.2	5.2	5.3	5.4	5.3	5.3		5.3	5.1
阿联酋	7.4	7.5	7.2	8.5	8.5	8.4		8.4	8.5
埃及	4.9	5	5	5	4.9	4.9		4.9	5.0
埃塞俄比亚	7.1	7.1	7.6	7.6	7.5	7.4		7.5	7.5
安哥拉	4	3	3.9	4	3.1	2.8		3	2.7
澳大利亚	8.6	8.5	8.4	7.7	7.3	6.7		7	7.0
巴基斯坦	5.6	5.6	5.6	5.8	5.9	5.8		5.8	5.6
巴西	4	3.5	4.4	4.5	4.6	4.5		4.5	4.4
白俄罗斯								7.4	7.5
保加利亚	7.8	7.7	7.8	7.7	7.7	7.2		7.4	7.4
波兰	6.6	6.5	7.5	7.4	7.7	7.7		7.7	7.7
德国	3.9	3.9	5.3	5.4	6.3	6.4		6.3	6.4
俄罗斯	5.9	6.1	6.1	5.9	6	6.1		6.1	6.0
法国	5.4	5.6	5.9	5.9	5.9	5.9		5.9	5.6
菲律宾	5.9	5.9	6	6.1	6.1	6.1		6.1	6.5
哈萨克斯坦	7	6.9	7.2	7.1	7.1	7.6		7.4	7.6
韩国	4.3	4	4.4	4.7	4.7	4.7		4.7	4.6
荷兰	6.6	6.7	6.7	6.7	6.8	6.8		6.8	7.0
吉尔吉斯斯坦	6.2	6.2	6.4	6.5	6.4	6.1		6.2	6.2
加拿大	8.3	8.3	8.5	8.5	8.5	8.5		8.5	8.4
柬埔寨				7.3	7.4	7.5		7.5	7.5
捷克	7.8	7.7	7.6	7.5	7.6	8.1		7.9	8.1
肯尼亚	7.7	7.7	7.8	7.6	7.6	8.1		7.9	7.9
老挝								6	6.3
罗马尼亚	6.7	6.7	7	6.9	7	7.4		7.2	7.4
马来西亚	7.6	7.6	7.8	7.9	8	7.9		7.9	8.0
美国	9.2	9.2	9.1	9.1	9	9		9	9.0
蒙古国	6.7	6.9	7.2	7.2	7.2	7		7.1	7.0
孟加拉国	6.3	6.4	6.5	6.7	6.6	6.5		6.6	6.9

续表

年份 国家	2007	2008	2009	2010	2011	2012	2013	2014	2015
缅甸						4.9		4.9	5.8
墨西哥	5.6	5.5	5.5	5.4	5.5	5.5		5.5	5.7
南非	6.1	6.1	6.1	6.1	6	5.8		5.9	6.0
尼日利亚	8.3	8.3	8.4	8	7.8	7.9		7.9	8.1
日本	8.4	8.2	8.4	8.3	8.3	8.4		8.4	8.3
沙特阿拉伯				8.2	8.1	8		8.1	7.8
斯里兰卡	6.9	6.8	6.5	6.4	6.4	6.4		6.4	6.4
苏丹								6.5	6.3
塔吉克斯坦				5.2	5.2	5.2		5.2	5.0
泰国	5.6	5.6	5.7	5	5	4.9		4.9	4.8
土耳其	4.2	4.4	4.8	4.9	5	5		5	4.9
土库曼斯坦								6.3	6.3
委内瑞拉	3	3.1	4.5	3.6	3.5	3.3		3.4	2.7
乌克兰	6.2	6.3	6.1	6	6.1	5.8		5.9	5.6
乌兹别克斯坦								6.3	6.3
希腊	4.7	4.4	4.5	4.5	4.3	4.5		4.4	4.6
新加坡	7.7	7.7	7.8	7.7	7.7	7.7		7.7	7.6
新西兰	8.4	8.5	8.5	8.5	8.7	8.7		8.7	8.7
匈牙利	7	7.1	7.3	7.3	6.8	6.8		6.9	6.8
伊拉克								4.6	4.6
伊朗	4.5	4.8	4.6	4.6	4.7	4.6		4.6	4.6
以色列	4.8	4.8	5.3	5.3	5.2	5.2		5.2	5.3
意大利	6.2	6.3	6.8	6.5	7	6.9		6.9	6.7
印度	7.3	7.3	7.9	8.1	8	8.1		8.1	7.3
印度尼西亚	5.3	5.1	4.8	4.7	4.7	4.8		4.8	4.6
英国	7.9	8	8.2	8.3	8.3	8.3		8.3	8.2
越南	5.2	5.4	5.7	5.5	5.6	5.5		5.5	5.4
赞比亚	6.3	6.3	6.5	6.3	6.4	6.4		6.4	6.3

资料来源：EFW。

表 3 - 24 商业管制

年份\国家	2007	2008	2009	2010	2011	2012	2013	2014	2015
阿根廷	5.1	5.2	5.2	5.1	5.1	4.9		5	5.0
阿联酋	7.4	7.7	7.6	7.7	7.9	7.9		7.9	8.0
埃及	5.3	5.9	6.1	5.9	5.9	6.1		6	6.3
埃塞俄比亚	6.2	6.4	6.5	6.5	6	6.1		6.1	6.1
安哥拉	4.7	5.9	5	5.2	5.2	5.7		5.5	5.6
澳大利亚	6.7	6.7	6.7	6.7	6.8	6.7		6.7	6.7
巴基斯坦	5.3	5.4	5.4	5.5	5.5	5.4		5.4	5.4
巴西	3.5	3.9	3.6	3.6	3.6	3.6		3.6	3.6
白俄罗斯								5.9	6.0
保加利亚	5.3	5.6	5.7	5.9	6.1	6.2		6.1	6.2
波兰	5.3	5.5	5.6	5.7	5.7	6.1		5.9	6.0
德国	6.5	6.5	6.5	6.5	6.6	6.6		6.6	6.6
俄罗斯	4.4	4.7	4.5	5.3	5.7	6		5.8	6.1
法国	6.4	6.4	6.5	6.3	6.3	6.2		6.2	6.3
菲律宾	5.8	5.8	5.7	6.2	6.4	6.5		6.4	6.6
哈萨克斯坦	5.7	6.1	6.1	6.4	6.6	6.8		6.7	6.7
韩国	6.7	6.6	6.6	6.5	6.6	6.7		6.7	6.7
荷兰	6.4	6.4	6.5	6.7	6.9	6.9		6.9	6.9
吉尔吉斯斯坦	6.2	6.4	6.5	6.5	6.5	6.5		6.5	6.6
加拿大	7.1	7.1	7.1	7.1	6.8	6.5		6.7	6.6
柬埔寨				5.5	5.6	5.3		5.4	5.3
捷克	4.6	7.2	5.2	5.2	5.6	5.5		5.5	5.5
肯尼亚	7.9	5.7	5.6	5.7	5.9	6.1		6	6.3
老挝								5.4	5.5
罗马尼亚	6.5	6.4	6.4	6.1	6	6.1		6.1	6.3
马来西亚	6.6	6.5	6.4	6.6	7	7.1		7	7.3
美国	6.8	6.8	6.8	6.7	6.7	6.7		6.7	6.7
蒙古国	6.2	6.3	6.2	6.2	6.4	6.5		6.4	6.7
孟加拉国	5.2	5.4	5.7	5.9	5.9	5.9		5.9	5.8

续表

年份 国家	2007	2008	2009	2010	2011	2012	2013	2014	2015
缅甸						4.6		4.6	4.9
墨西哥	5.5	5.7	6	6.1	6.2	6.2		6.2	6.2
南非	6.4	6.4	6.2	6.2	6.2	6.4		6.3	6.4
尼日利亚	4	4.1	4.1	4.9	5	4		4.4	4.6
日本	6.5	6.3	6.1	6	6.1	6.1		6.1	6.2
沙特阿拉伯				7.6	7.3	7.2		7.3	7.2
斯里兰卡	5.7	5.6	5.8	6.2	6.3	6.3		6.3	6.3
苏丹								5.7	5.9
塔吉克斯坦				6.1	6.2	6.2		6.2	6.3
泰国	6.2	6.3	6.3	6.3	6.2	6.2		6.2	6.3
土耳其	6.3	6.3	6.3	6.2	6.5	6.6		6.5	6.6
土库曼斯坦								6.5	6.5
委内瑞拉	3.5	3.6	3.7	3.7	3.7	3.6		3.6	3.5
乌克兰	3.8	4.1	4.2	4.2	4.6	5.9		5.3	6.0
乌兹别克斯坦								6.5	6.5
希腊	6.1	6	6.1	6	6.2	6.3		6.2	6.3
新加坡	8	8	8	8	7.9	7.9		7.9	7.9
新西兰	7.5	7.6	7.4	7.4	7.4	7.4		7.4	7.4
匈牙利	5.7	5.6	5.8	6	6	6.1		6.1	6.1
伊拉克								5.7	5.7
伊朗	6.4	6.9	5.7	5.7	5.8	5.7		5.7	5.7
以色列	6.4	6.6	6.5	6.4	6.3	6.3		6.3	6.3
意大利	5.5	5.5	5.6	6.4	5.5	5.5		5.6	5.5
印度	4.9	5	5.3	5.3	5.5	5.2		5.3	5.8
印度尼西亚	5.7	6	6	6.1	6.1	6.2		6.2	6.1
英国	6.7	6.8	6.8	6.8	6.9	7		7	7.0
越南	4.7	4.7	4.8	4.8	5.2	5.2		5.2	5.2
赞比亚	6.2	6.3	5.8	6	6.2	6.9		6.6	6.7

资料来源：EFW。

表 3 - 25　　　　　　　　平均受教育年限

年份 \ 国家	2007	2008	2009	2010	2011	2012	2013	2014	2015
阿根廷	5.1	5.2	5.3	5.4	5.5	6.4		6.4	6.1
阿联酋								7.5	6.5
埃及			4.4	4.5	5.1	5.2	5.3	5.3	5.2
埃塞俄比亚								2.7	2.2
安哥拉		1.7	1.8	2.1	1.9			1.9	1.8
澳大利亚	7.4	7.4	7.5	7.5	7.7	7.8	7.8	7.8	7.9
巴基斯坦	2.3	2.3	2.3	2.4	2.4	2.6	2.7	2.7	2.9
巴西								5.5	7.0
白俄罗斯		7.4	7.4	7.3	7.3	7.3	7.3	7.3	7.4
保加利亚	7.3	7.2	7.1	7.2	7.3	7.3	7.7	7.7	7.7
波兰	5.9	5.8	5.8	5.8	5.8	5.8	6.3	6.3	6.1
德国	8.9	8.9	8.9	8.9	9.0	8.9	8.9	8.9	9.1
俄罗斯	6.1	6.1	6.2		6.6	6.8	6.9	6.9	7.0
法国	7.7	7.7	7.6	7.7	7.7	7.7	7.6	7.6	7.8
菲律宾	3.3	3.4	3.4				3.5	3.5	3.6
哈萨克斯坦						7.2	7.1	7.1	7.6
韩国	5.8	5.8	5.8	5.8	5.8		5.8	5.9	5.8
荷兰	7.2	7.3	7.2	7.3	7.7	7.7	7.8	7.8	7.9
吉尔吉斯斯坦	6.1	6.0	6.0	6.0	6.2		6.2	6.2	6.3
加拿大	6.1	6.1	6.2	6.1	6.2	6.7		6.7	6.5
柬埔寨	2.6	2.8						2.8	2.8
捷克	7.5	7.3	7.6	7.8	7.9	8.0	8.0	8.0	8.1
肯尼亚	3.2	3.6	3.6			4.1		4.1	4.1
老挝	2.6	2.6	2.6	2.7	3.1	3.3	3.5	3.5	3.8
罗马尼亚	7.1	7.4	7.5	7.5	7.6	7.5		7.5	7.7
马来西亚	4.6	4.6	4.6	4.7	4.7	5.0		5.0	5.3
美国	5.7	5.7	5.7	5.6	5.6	5.6	5.6	5.6	5.8
蒙古国			5.7	5.3				5.3	6.4
孟加拉国	3.2	3.1	3.4	3.5	3.5	3.8		3.8	3.9

续表

年份 国家	2007	2008	2009	2010	2011	2012	2013	2014	2015
缅甸	2.8	3.0	3.0	3.0				3.0	3.1
墨西哥	5.0	5.1	5.1	5.1	5.1	5.2	5.4	5.4	5.4
南非	4.7	4.6	4.7	4.8	4.9	5.1	5.5	5.5	4.7
尼日利亚	1.9	2.1	2.4	2.7				2.7	2.5
日本	6.0	6.0	6.1	6.1	6.1	6.1		6.1	6.1
沙特阿拉伯	5.7		6.2				7.4	7.5	6.5
斯里兰卡				7.8	7.9	7.9	7.9	7.9	7.9
苏丹	1.8	1.9	2.1	2.1	1.9	2.0		2.0	2.1
塔吉克斯坦	5.8	5.8	5.9	5.9	6.0	6.1		6.1	6.1
泰国	4.6	4.7	4.8	5.0	5.2	5.2	5.1	5.1	5.2
土耳其	5.4	5.3	5.6	5.9	6.2	6.0	8.2	8.2	7.2
土库曼斯坦								6.8	6.8
委内瑞拉	4.0	4.1	4.1	4.1	4.2	4.3	4.7	4.7	4.6
乌克兰	6.5	6.5	6.5	6.6	6.5	6.7	6.8	6.8	6.8
乌兹别克斯坦	7.3	7.2	7.3	7.3	7.3			7.3	7.6
希腊	6.0			6.6	6.4	6.5		6.5	6.4
新加坡								5.9	5.9
新西兰	8.3	8.2	8.8	8.3	8.3	8.3	8.2	8.2	8.3
匈牙利	7.7	7.8	7.9	8.0	8.1	8.1	8.5	8.5	8.4
伊拉克	3.3							3.3	3.3
伊朗	5.5	5.7	5.8	5.7	5.8	6.0		6.0	5.3
以色列	6.3	6.2	6.1	6.1	6.1	6.1	6.1	6.1	6.1
意大利	7.9	7.9	7.9	8.0	8.1	7.9		7.9	8.2
印度	4.1	4.3	4.3	4.5	4.8	5.0		5.0	4.8
印度尼西亚	4.3	4.3	4.6	4.7	4.9	4.9	5.0	5.0	4.9
英国	6.9	7.0	7.2	7.4	6.8	6.7	8.8	8.8	8.4
越南								3.2	3.3
赞比亚								1.9	1.8

资料来源：UNESCO。

表 3 - 26　　　　　　　　社会安全（每十万人谋杀死亡人数）

年份 国家	2007	2008	2009	2010	2011	2012	2013	2014	2015
阿根廷	7.1	7.2	7.3	6.8	6.9	7.0		7.0	7.5
阿联酋				0.8	0.6	0.8	0.6	0.6	0.7
埃及	0.9	1.3	1.2	2.4	3.4			3.4	2.8
埃塞俄比亚						8.1		8.1	8.1
安哥拉						10.8		10.8	9.8
澳大利亚	1.2	1.2	1.2	1.0	1.1	1.1	1.1	1.1	1.0
巴基斯坦	6.4	7.2	7.3	7.6	7.9	7.8		7.8	7.9
巴西	23.5	23.9	23.0	22.2	23.3	26.5	26.5	26.5	24.2
白俄罗斯	6.8	5.7	5.0	5.1	4.0	3.6		3.6	3.6
保加利亚	2.3	2.3	2.0	2.0	1.7	1.9	1.5	1.5	1.6
波兰	1.4	1.2	1.3	1.1	1.2	1.0	0.8	0.8	0.7
德国	0.9	0.9	0.8	0.8	0.8	0.7	0.7	0.7	0.9
俄罗斯		11.6	11.1	10.1	9.7	9.2	9.0	9.0	9.3
法国	1.6	1.6	1.3	1.3	1.3	1.2	1.2	1.2	1.2
菲律宾	6.5	6.4	6.9	9.5	9.1	8.8	9.3	9.3	9.6
哈萨克斯坦	10.8	11.6	11.2	9.7	9.9	9.0	7.8	7.8	8.0
韩国					0.9	0.8		0.8	0.7
荷兰	0.9	0.9	0.9	0.9	0.9	0.9	0.7	0.7	0.8
吉尔吉斯斯坦	8.3	8.3	8.0	20.1	9.3	6.5	5.4	5.4	3.8
加拿大	1.6	1.7	1.6	1.4	1.5	1.6	1.4	1.4	1.5
柬埔寨	3.3	2.5	2.5	2.3	1.8			1.8	2.0
捷克	1.2	1.1	0.9	1.0	0.8	1.0	0.9	0.9	0.7
肯尼亚	3.4	3.6	5.6	5.5	6.3	6.5	6.6	6.6	6.2
老挝						7.2		7.2	7.3
罗马尼亚	1.9	2.1	1.8	1.8	1.5	1.7	1.5	1.5	1.6
马来西亚	2.4	2.2	2.0	1.9				1.9	2.0
美国	5.6	5.4	5.0	4.7	4.7	4.7	3.8	3.8	4.2
蒙古国	11.3	8.1	8.2	8.8	9.8	7.2	7.5	7.5	7.4
孟加拉国	2.6	2.8	2.8	2.6	2.6	2.6	2.8	2.8	2.8

续表

年份 国家	2007	2008	2009	2010	2011	2012	2013	2014	2015
缅甸	1.6	1.7	1.6	1.7	2.4	2.5		2.5	2.4
墨西哥	7.8	12.2	17.0	21.8	22.8	21.5	18.9	18.9	17.1
南非	37.3	36.1	33.1	31.0	29.9	30.7	31.9	31.9	32.5
尼日利亚						10.3		10.3	10.1
日本	0.5	0.5	0.4	0.4	0.3	0.3	0.3	0.3	0.3
沙特阿拉伯						6.2		6.2	6.2
斯里兰卡	8.2	9.8	5.3	3.7	3.5	3.2	2.8	2.8	3.1
苏丹						6.5		6.5	6.5
塔吉克斯坦	2.2	1.6	1.8	2.0	1.9	1.3	1.5	1.5	1.4
泰国	6.7	6.0	5.6	5.5	4.9			4.9	4.1
土耳其	5.2	4.6	5.2	4.2	4.2	4.3		4.3	5.1
土库曼斯坦						4.3		4.3	4.3
委内瑞拉	47.6	51.9	48.9	45.0	47.8	53.6		53.6	62.0
乌克兰	5.7	5.2	4.7	4.3				4.3	4.6
乌兹别克斯坦						3.3		3.3	3.2
希腊	1.2	1.3	1.4	1.6	1.7	1.5	1.4	1.4	0.6
新加坡	0.4	0.6	0.4	0.4	0.3	0.2	0.3	0.3	0.3
新西兰	1.1	1.2	1.5	1.0	0.9	0.9	1.0	1.0	0.9
匈牙利	1.5	1.8	1.5	1.6	1.7	1.4	2.7	2.7	1.5
伊拉克	65.4	15.1	8.1	8.2	8.0			8.0	8.1
伊朗						4.8		4.8	4.8
以色列	1.8	1.9	1.8	2.0	2.0	1.7		1.7	1.8
意大利	1.1	1.0	1.0	0.9	0.9	0.9	0.8	0.8	0.8
印度	3.6	3.6	3.5	3.5	3.6	3.5	3.3	3.3	3.3
印度尼西亚		0.6	0.6	0.4	0.6	0.6	0.6	0.6	0.5
英国	1.4	1.2	1.2	1.2	1.0	1.0	1.0	1.0	0.9
越南	1.3	1.2	1.4	1.5	1.5			1.5	1.5
赞比亚		5.6	6.3	6.2				6.2	5.8

资料来源：UNODC。

表 3 - 27　　　　　　　　其他投资风险

年份 国家	2007	2008	2009	2010	2011	2012	2013	2014	2015
阿根廷	6.5	5.5	5.5	5.5	6.5	6.0		6.1	6.1
阿联酋								10.7	10.0
埃及	6.5	6.5	6.5	6.5	6.0	6.0		6.1	6.0
埃塞俄比亚	7.0	7.0	6.0	6.5	6.5	6.5		6.5	6.5
安哥拉	8.0	8.0	8.0	8.0	7.5	7.5		7.6	7.8
澳大利亚	12.0	12.0	12.0	10.5	10.5	10.5		10.5	10.6
巴基斯坦	8.0	7.5	7.5	7.5	7.0	6.5		6.8	6.8
巴西	7.5	7.0	7.0	8.0	8.0	7.5		7.7	7.6
白俄罗斯	5.5	8.0	8.0	8.0	6.0	6.5		6.5	6.5
保加利亚	11.5	11.5	10.5	9.5	8.5	9.0		8.9	8.8
波兰	11.0	11.5	11.5	11.5	10.0	9.0		9.6	9.3
德国	12.0	11.5	11.5	11.5	10.5	11.0		10.9	11.0
俄罗斯	9.5	9.5	9.5	9.5	9.5	8.5		8.9	8.7
法国	12.0	11.0	11.0	11.0	8.0	7.5		8.0	7.9
菲律宾	9.0	9.0	9.0	9.0	9.5	9.0		9.2	8.6
哈萨克斯坦	8.5	10.0	8.0	7.5	7.5	7.5		7.5	7.5
韩国	10.0	10.0	10.0	10.0	10.0	10.0		10.0	10.0
荷兰	12.0	11.0	11.0	11.0	10.5	9.0		9.7	9.4
吉尔吉斯斯坦								6.5	6.5
加拿大	12.0	11.5	11.5	11.0	12.0	12.0		11.9	12.0
柬埔寨								7.0	6.9
捷克	11.5	11.5	11.5	11.5	10.0	8.0		9.0	8.6
肯尼亚	9.5	9.5	9.5	9.5	7.0	7.0		7.3	7.4
老挝								7.0	6.9
罗马尼亚	9.0	9.0	9.0	8.0	8.5	7.5		7.9	7.7
马来西亚	9.5	9.5	9.5	9.5	9.5	9.5		9.5	9.5
美国	12.0	11.0	12.0	12.0	12.0	12.0		12.0	12.0
蒙古国	8.0	7.0	7.0	6.5	6.5	6.5		6.5	6.7
孟加拉国	7.0	7.0	7.0	7.0	6.0	6.0		6.1	6.1

续表

年份 国家	2007	2008	2009	2010	2011	2012	2013	2014	2015
缅甸	2.5	2.5	2.5	2.5	3.0	6.0		4.8	5.1
墨西哥	10.5	9.5	9.5	9.5	9.5	9.5		9.5	9.8
南非	10.5	10.5	9.5	9.5	9.5	9.5		9.5	9.4
尼日利亚	6.0	6.5	6.5	6.5	6.5	6.5		6.5	6.5
日本	11.5	11.5	11.5	11.5	11.5	11.0		11.2	11.4
沙特阿拉伯	11.0	11.0	11.0	11.0	11.0	10.5		10.7	10.7
斯里兰卡	7.5	7.5	8.5	8.5	7.5	7.5		7.6	7.7
苏丹	7.5	7.5	7.5	7.5	7.0	7.0		7.1	7.0
塔吉克斯坦								6.5	6.5
泰国	7.0	7.5	7.5	7.5	8.5	8.5		8.4	8.5
土耳其	8.0	7.5	7.5	7.5	7.5	8.0		7.8	7.4
土库曼斯坦								6.5	6.5
委内瑞拉	2.5	2.5	2.5	2.5	4.0	4.0		3.9	3.9
乌克兰	8.0	6.0	6.0	5.5	6.5	6.5		6.4	6.3
乌兹别克斯坦								6.5	6.5
希腊	10.5	10.5	10.5	7.0	7.5	6.0		6.6	7.0
新加坡	12.0	12.0	12.0	12.0	12.0	12.0		12.0	12.0
新西兰	12.0	12.0	12.0	12.0	12.0	12.0		12.0	12.0
匈牙利	11.0	11.0	10.0	8.5	7.5	7.5		7.6	7.7
伊拉克	7.5	7.5	7.5	8.0	8.5	7.5		7.9	7.8
伊朗	6.5	6.0	5.0	4.5	4.5	4.5		4.5	4.5
以色列	10.0	10.0	10.0	10.0	10.0	10.0		10.0	10.0
意大利	11.5	11.5	11.5	11.0	7.5	7.5		7.9	7.7
印度	8.5	8.5	8.5	8.5	8.5	7.5		7.9	7.7
印度尼西亚	9.0	9.0	9.0	8.0	8.0	7.0		7.4	7.4
英国	12.0	10.5	10.5	11.5	8.5	8.5		8.8	8.9
越南	9.0	8.0	8.0	8.0	7.0	7.0		7.1	7.0
赞比亚	6.0	6.0	6.0	6.0	6.0	6.0		6.0	6.3

资料来源：ICRG。

表 3 - 28　　　　　　　　执政时间（政府任期还剩几年）

年份 国家	2007	2008	2009	2010	2011	2012	2013	2014	2015
阿根廷	0	3	2	1	0	3	2	1	3
阿联酋									6
埃及	4	3	2	1	0	5	4	3	2
埃塞俄比亚	3	2	1	0	4	3	2	1	4
安哥拉	4	3	2	1	0	4	3	2	1
澳大利亚	0	2	1	0	2	1	0	2	1
巴基斯坦	2	1	4	3	2	1	4	3	2
巴西	3	2	1	0	3	2	1	0	3
白俄罗斯	4	3	2	1	4	3	2	1	4
保加利亚	2	1	0	3	2	1	0	3	2
波兰	3	2	1	0	4	3	2	1	0
德国	2	1	0	3	2	1	0	3	2
俄罗斯	1	0	3	2	1	0	3	2	1
法国	0	4	3	2	1	0	4	3	2
菲律宾	3	2	1	0	5	4	3	2	1
哈萨克斯坦	5	4	3	2	1	0	5	4	3
韩国							5	4	3
荷兰	3	2	1	0	3	2	1	0	3
吉尔吉斯斯坦	3	2	1	0		4	3	2	1
加拿大	3	2	3	2	1	3	2	1	3
柬埔寨	1	0	4	3	2	1	0	4	3
捷克	1	0	4	3	2	1	0	4	3
肯尼亚	0	4	3	2	1	0	4	3	2
老挝	4	3	2	1	0	4	3	2	1
罗马尼亚	2	1	0	4	3	2	1	0	4
马来西亚	2	1	0	4	3	2	1	0	4
美国	1	0	3	2	1	0	3	2	1
蒙古国	2	1	0	3	2	1	0	3	2
孟加拉国							5	4	3

续表

年份 国家	2007	2008	2009	2010	2011	2012	2013	2014	2015
缅甸					5	4	3	2	1
墨西哥	5	4	3	2	1	0	5	4	3
南非								5	4
尼日利亚	0	3	2	1	0	3	2	1	0
日本	1	0	3	3	3	2	1	0	3
沙特阿拉伯									6
斯里兰卡	4	3	2	1	5	4	3	2	1
苏丹								5	4
塔吉克斯坦	6	5	4	3	2	1	0	6	5
泰国		0	3	2	1	3	2	1	0
土耳其	0	4	3	2	1	0	4	3	2
土库曼斯坦		4	3	2	1	0	4	3	2
委内瑞拉	5	4	3	2	1	0	5	4	3
乌克兰	2	1	0	0	4	3	2	1	0
乌兹别克斯坦	0	4	3	2	1	0	4	3	2
希腊	1	3	2	3	2	1	3	2	1
新加坡	4	3	2	1	0	4	3	2	1
新西兰	1	0	2	1	0	2	1	0	2
匈牙利	3	2	1	0	3	2	1	0	3
伊拉克	3	2	1	0	3	2	1	0	3
伊朗	2	1	0	3	2	1	0	3	2
以色列	3	2	1	3	2	1	3	2	1
意大利	4	3	4	3	2	1	4	3	2
印度	2	1	0	4	3	2	1	0	4
印度尼西亚	2	1	0	4	3	2	1	0	4
英国								5	4
越南	4	3	2	1	0	4	3	2	1
赞比亚	4	3	4	3	2	4	3	2	1

资料来源：DPI。

表 3 - 29　　　　　　　　　　　政府稳定性

年份 国家	2007	2008	2009	2010	2011	2012	2013	2014	2015
阿根廷	9.5	6.0	5.0	6.0	8.5	5.5		6.5	6.0
阿联酋								9.4	10.5
埃及	9.5	9.0	8.5	8.0	5.5	5.5		5.8	5.5
埃塞俄比亚	8.5	8.0	7.0	8.5	8.0	6.5		7.2	7.2
安哥拉	9.5	10.5	10.5	9.5	7.5	8.5		8.3	8.4
澳大利亚	10.0	10.5	10.5	7.5	5.0	6.5		6.2	6.1
巴基斯坦	5.0	6.5	6.0	5.5	5.0	6.0		5.7	6.4
巴西	8.5	9.5	9.5	9.0	7.5	8.5		8.3	7.5
白俄罗斯	10.0	10.0	10.0	9.5	5.0	6.0		6.1	5.7
保加利亚	8.5	7.0	7.5	6.0	6.0	6.5		6.3	6.1
波兰	8.0	8.0	8.5	8.0	8.5	6.5		7.3	6.4
德国	10.0	10.0	10.0	6.0	5.5	8.5		7.4	8.1
俄罗斯	11.5	11.0	10.5	9.0	8.0	7.0		7.5	7.3
法国	9.5	9.0	9.5	8.0	5.5	6.5		6.4	6.0
菲律宾	5.0	5.0	5.0	8.5	7.5	7.5		7.6	7.9
哈萨克斯坦	10.5	10.5	10.5	10.0	9.5	9.0		9.3	8.9
韩国	6.5	7.5	8.0	8.5	5.5	7.5		7.0	7.5
荷兰	7.0	8.0	7.5	7.0	6.5	8.0		7.5	6.5
吉尔吉斯斯坦								8.3	7.9
加拿大	7.5	6.5	9.5	8.5	9.5	9.0		9.1	8.3
柬埔寨								8.4	8.3
捷克	7.5	6.0	6.0	6.5	7.0	6.5		6.7	6.6
肯尼亚	6.0	7.5	6.0	7.0	6.0	6.5		6.4	6.8
老挝								8.4	8.3
罗马尼亚	6.5	5.5	7.5	7.0	7.0	5.0		5.8	6.8
马来西亚	9.0	5.5	7.0	6.5	6.0	5.0		5.5	6.3
美国	6.0	8.5	9.0	7.5	8.5	8.5		8.4	7.9
蒙古国	8.0	8.0	9.0	9.0	7.0	6.0		6.6	7.0
孟加拉国	8.0	8.0	9.5	8.5	7.0	7.0		7.2	6.3

续表

年份 国家	2007	2008	2009	2010	2011	2012	2013	2014	2015
缅甸	9.5	9.5	9.5	9.5	9.5	10.0		9.8	9.8
墨西哥	8.5	9.0	7.5	6.5	7.5	8.0		7.7	8.0
南非	8.5	6.0	8.0	6.5	7.0	5.5		6.1	6.7
尼日利亚	7.0	8.0	7.5	7.5	8.0	7.0		7.4	6.9
日本	6.5	5.0	9.0	5.0	7.5	5.5		6.1	7.3
沙特阿拉伯	10.0	10.0	10.0	10.0	9.0	9.5		9.4	9.2
斯里兰卡	7.5	7.5	8.0	9.5	8.5	7.5		8.0	7.5
苏丹	8.5	9.0	7.0	7.5	7.0	7.0		7.1	6.9
塔吉克斯坦								8.3	7.9
泰国	6.5	6.0	7.0	7.0	7.0	6.0		6.4	6.5
土耳其	9.0	7.5	8.5	8.5	8.5	7.0		7.6	7.5
土库曼斯坦								8.3	7.9
委内瑞拉	10.0	9.0	7.5	7.5	6.5	7.0		6.9	5.8
乌克兰	8.5	6.0	6.0	7.5	7.5	6.0		6.6	6.8
乌兹别克斯坦								8.3	7.9
希腊	8.5	6.5	7.0	7.0	7.0	5.5		6.1	5.3
新加坡	11.0	11.0	11.0	11.0	9.5	9.5		9.7	9.6
新西兰	6.0	8.0	8.5	8.5	8.5	8.0		8.2	8.1
匈牙利	6.5	4.5	4.0	8.5	7.5	6.5		7.0	7.0
伊拉克	5.0	6.0	8.0	7.5	8.0	6.0		6.8	6.4
伊朗	8.5	6.5	6.5	5.5	5.0	5.0		5.1	5.5
以色列	6.0	5.5	7.5	7.0	7.5	8.0		7.8	7.8
意大利	7.0	9.5	8.5	5.5	6.0	6.5		6.3	6.2
印度	6.5	7.0	9.0	7.0	6.0	6.0		6.1	5.8
印度尼西亚	7.5	7.5	9.0	7.5	7.5	5.0		6.0	5.5
英国	8.0	8.0	6.0	8.5	6.5	7.0		7.0	7.1
越南	10.5	10.5	10.5	10.0	8.0	7.5		7.9	7.2
赞比亚	7.5	8.0	7.5	7.5	6.5	7.5		7.2	6.7

资料来源：ICRG。

表 3 - 30　　　　　　　　　　军事干预政治

年份 国家	2007	2008	2009	2010	2011	2012	2013	2014	2015
阿根廷	4.5	4.5	4.5	4.5	4.5	4.5		4.5	4.5
阿联酋								5.0	5.0
埃及	3.0	3.0	3.0	2.5	1.5	1.0		1.3	1.1
埃塞俄比亚	1.0	1.0	1.0	1.0	1.0	1.0		1.0	1.0
安哥拉	2.0	2.0	2.0	2.0	2.0	2.0		2.0	2.0
澳大利亚	6.0	6.0	6.0	6.0	6.0	6.0		6.0	6.0
巴基斯坦	1.0	1.0	1.0	1.5	1.5	1.5		1.5	1.5
巴西	4.0	4.0	4.0	4.0	4.0	4.0		4.0	4.0
白俄罗斯	3.0	3.0	3.0	3.0	3.0	3.0		3.0	3.0
保加利亚	5.0	5.0	5.0	5.0	5.0	5.0		5.0	5.0
波兰	6.0	6.0	6.0	6.0	6.0	6.0		6.0	6.0
德国	6.0	6.0	6.0	6.0	6.0	6.0		6.0	6.0
俄罗斯	4.5	4.5	4.5	4.5	4.5	4.0		4.2	4.1
法国	5.5	5.5	5.5	5.5	5.5	5.5		5.5	5.5
菲律宾	3.5	3.5	3.5	3.0	3.0	3.0		3.0	3.0
哈萨克斯坦	5.0	5.0	5.0	5.0	5.0	5.0		5.0	5.0
韩国	4.0	4.0	4.0	4.0	4.0	4.0		4.0	4.0
荷兰	6.0	6.0	6.0	6.0	6.0	6.0		6.0	6.0
吉尔吉斯斯坦								4.0	4.0
加拿大	6.0	6.0	6.0	6.0	6.0	6.0		6.0	6.0
柬埔寨								2.4	2.5
捷克	6.0	6.0	6.0	6.0	6.0	6.0		6.0	6.0
肯尼亚	4.0	4.0	4.0	4.0	4.0	4.0		4.0	4.0
老挝								2.4	2.5
罗马尼亚	5.0	5.0	5.0	5.0	5.0	5.0		5.0	5.0
马来西亚	5.0	5.0	5.0	5.0	5.0	5.0		5.0	5.0
美国	4.0	4.0	4.0	4.0	4.0	4.0		4.0	4.0
蒙古国	5.0	5.0	5.0	5.0	5.0	5.0		5.0	5.0
孟加拉国	1.5	1.0	3.0	2.5	2.5	2.5		2.5	2.5

续表

年份 国家	2007	2008	2009	2010	2011	2012	2013	2014	2015
缅甸	1.0	1.0	1.0	1.0	1.0	1.5		1.3	1.5
墨西哥	4.5	4.5	4.5	4.5	4.0	3.5		3.8	3.6
南非	5.0	5.0	5.0	5.0	5.0	5.0		5.0	5.0
尼日利亚	2.0	2.0	2.0	2.0	2.0	2.0		2.0	2.0
日本	5.0	5.0	5.0	5.0	5.0	5.0		5.0	5.0
沙特阿拉伯	5.0	5.0	5.0	5.0	5.0	5.0		5.0	5.0
斯里兰卡	2.0	2.0	2.0	2.0	2.0	2.0		2.0	2.0
苏丹	0.0	0.0	0.0	0.0	0.0	0.0		0.0	0.0
塔吉克斯坦								4.0	4.0
泰国	3.5	3.5	3.5	3.0	2.0	2.0		2.1	2.0
土耳其	2.0	2.0	2.0	2.0	2.0	2.0		2.0	2.0
土库曼斯坦								4.0	4.0
委内瑞拉	0.5	0.5	0.5	0.5	0.5	0.5		0.5	0.5
乌克兰	5.0	5.0	5.0	5.0	5.0	5.0		5.0	5.0
乌兹别克斯坦								4.0	4.0
希腊	5.0	5.0	5.0	5.0	5.0	5.0		5.0	5.0
新加坡	5.0	5.0	5.0	5.0	5.0	5.0		5.0	5.0
新西兰	6.0	6.0	6.0	6.0	6.0	6.0		6.0	6.0
匈牙利	6.0	6.0	6.0	6.0	6.0	6.0		6.0	6.0
伊拉克	0.0	0.0	0.0	0.0	0.0	0.0		0.0	0.0
伊朗	5.0	5.0	5.0	5.0	4.5	4.5		4.6	4.5
以色列	2.5	2.5	2.5	2.5	2.5	2.5		2.5	2.5
意大利	6.0	6.0	6.0	6.0	6.0	6.0		6.0	6.0
印度	4.0	4.0	4.0	4.0	4.0	4.0		4.0	4.0
印度尼西亚	2.5	2.5	2.5	2.5	2.5	2.5		2.5	2.5
英国	6.0	6.0	6.0	6.0	6.0	6.0		6.0	6.0
越南	3.0	3.0	3.0	3.0	3.0	3.0		3.0	3.0
赞比亚	5.0	5.0	5.0	5.0	5.0	5.0		5.0	5.0

资料来源：ICRG。

表 3 - 31 腐败

年份 国家	2007	2008	2009	2010	2011	2012	2013	2014	2015
阿根廷	2.5	2.5	2.5	2.5	2.5	2.0		2.2	2.1
阿联酋								2.5	3.5
埃及	2.0	2.0	2.0	2.0	2.0	2.0		2.0	2.0
埃塞俄比亚	2.0	2.0	2.0	2.0	2.0	1.5		1.7	1.8
安哥拉	2.0	2.0	2.0	2.0	2.0	1.5		1.7	1.6
澳大利亚	4.5	4.5	4.5	5.0	5.0	4.5		4.7	4.6
巴基斯坦	2.0	2.0	2.0	2.0	2.0	2.0		2.0	2.0
巴西	2.0	3.0	3.0	3.0	3.0	2.5		2.7	2.6
白俄罗斯	2.0	2.0	2.0	2.0	2.0	1.5		1.7	1.6
保加利亚	2.0	2.0	2.0	2.0	2.0	2.0		2.0	2.0
波兰	2.5	2.5	2.5	2.5	2.5	3.0		2.8	2.9
德国	5.0	5.0	5.0	5.0	5.0	5.0		5.0	5.0
俄罗斯	2.0	2.0	2.0	2.0	2.0	1.5		1.7	1.6
法国	5.0	5.0	5.0	4.5	4.5	4.5		4.5	4.3
菲律宾	2.0	2.0	2.0	2.0	2.0	2.0		2.0	2.2
哈萨克斯坦	1.5	1.5	1.5	1.5	1.5	1.5		1.5	1.5
韩国	2.5	3.0	3.0	3.0	3.0	3.0		3.0	3.0
荷兰	5.0	5.0	5.0	5.0	5.0	5.0		5.0	5.0
吉尔吉斯斯坦								1.0	1.0
加拿大	5.0	5.0	5.0	5.0	5.0	5.0		5.0	5.0
柬埔寨								2.0	2.1
捷克	2.5	2.5	2.5	2.5	2.5	2.5		2.5	2.5
肯尼亚	0.5	0.5	0.5	2.0	2.0	1.5		1.7	1.6
老挝								2.0	2.1
罗马尼亚	2.5	2.5	2.5	2.5	2.5	2.0		2.2	2.1
马来西亚	2.5	2.5	2.5	2.5	2.5	2.5		2.5	2.5
美国	4.0	4.0	4.0	4.0	4.0	4.0		4.0	3.8
蒙古国	2.0	2.0	2.0	2.0	2.0	2.0		2.0	2.0
孟加拉国	2.5	2.5	3.0	3.0	3.0	3.0		3.0	3.0

续表

年份 国家	2007	2008	2009	2010	2011	2012	2013	2014	2015
缅甸	1.5	1.5	1.5	1.5	1.5	1.5		1.5	1.5
墨西哥	2.0	2.0	2.5	2.5	2.0	2.0		2.1	2.0
南非	2.5	2.5	2.5	3.0	2.5	2.5		2.6	2.6
尼日利亚	1.5	1.5	1.5	1.5	1.5	1.5		1.5	1.5
日本	3.0	3.0	3.0	4.5	4.5	4.5		4.5	4.5
沙特阿拉伯	2.0	2.0	2.0	2.5	2.5	2.5		2.5	2.5
斯里兰卡	2.5	2.5	2.5	2.5	2.5	2.5		2.5	2.5
苏丹	1.0	1.0	1.0	1.0	1.0	0.5		0.7	0.6
塔吉克斯坦								1.0	1.0
泰国	1.5	2.0	2.0	2.0	2.0	2.0		2.0	2.0
土耳其	2.5	2.5	2.5	2.5	2.5	2.5		2.5	2.5
土库曼斯坦								1.0	1.0
委内瑞拉	1.0	1.0	1.0	1.0	1.0	1.0		1.0	1.0
乌克兰	2.0	2.0	2.0	2.0	2.0	1.5		1.7	1.6
乌兹别克斯坦								1.0	1.0
希腊	2.0	2.0	2.0	2.0	2.0	2.0		2.0	2.0
新加坡	4.5	4.5	4.5	4.5	4.5	4.5		4.5	4.5
新西兰	5.5	5.5	5.5	5.5	5.5	5.5		5.5	5.5
匈牙利	3.0	3.0	3.0	3.0	3.0	3.0		3.0	3.0
伊拉克	1.0	1.0	1.5	1.5	1.5	1.0		1.2	1.1
伊朗	2.0	2.0	2.0	1.5	1.5	1.5		1.5	1.5
以色列	3.0	3.0	3.0	3.5	3.5	3.5		3.5	3.5
意大利	2.5	2.5	2.5	2.5	2.5	2.5		2.5	2.5
印度	2.5	2.5	2.5	2.5	2.0	2.5		2.4	2.5
印度尼西亚	3.5	4.0	3.0	3.0	3.0	3.0		3.0	3.0
英国	4.0	4.0	4.0	4.0	4.0	4.5		4.3	4.4
越南	3.5	3.5	3.5	2.5	2.5	2.5		2.5	2.5
赞比亚	3.5	3.0	3.0	3.0	3.0	2.5		2.7	2.6

资料来源：ICRG。

表 3 - 32　　　　　　　　　　　民主问责

年份 国家	2007	2008	2009	2010	2011	2012	2013	2014	2015
阿根廷	4.5	4.5	4.5	4.5	4.5	4.0		4.2	4.2
阿联酋								1.0	2.5
埃及	2.0	2.0	2.0	1.5	1.5	1.5		1.5	1.5
埃塞俄比亚	4.5	3.5	3.5	3.0	2.5	2.5		2.6	2.5
安哥拉	2.0	2.0	2.0	2.0	2.5	2.5		2.5	2.5
澳大利亚	6.0	6.0	6.0	6.0	6.0	6.0		6.0	6.0
巴基斯坦	1.0	1.5	2.0	3.0	3.0	3.0		3.0	3.6
巴西	5.0	5.0	5.0	5.0	5.0	5.0		5.0	5.0
白俄罗斯	1.0	1.5	1.5	1.5	1.5	1.0		1.2	1.1
保加利亚	5.5	5.5	5.5	5.5	5.5	5.5		5.5	5.5
波兰	6.0	6.0	6.0	6.0	6.0	6.0		6.0	6.0
德国	6.0	6.0	6.0	6.0	6.0	6.0		6.0	6.0
俄罗斯	3.0	2.5	2.5	2.5	2.0	2.0		2.1	2.0
法国	6.0	6.0	6.0	6.0	6.0	6.0		6.0	6.0
菲律宾	5.0	5.0	5.0	5.0	5.0	5.0		5.0	5.0
哈萨克斯坦	2.0	2.0	2.0	2.0	1.5	1.5		1.6	1.5
韩国	6.0	6.0	6.0	6.0	5.5	5.5		5.6	5.5
荷兰	6.0	6.0	6.0	6.0	6.0	6.0		6.0	6.0
吉尔吉斯斯坦								1.1	1.0
加拿大	6.0	6.0	6.0	5.5	5.5	6.0		5.8	6.0
柬埔寨								2.9	2.9
捷克	5.5	5.5	5.5	5.5	5.5	5.5		5.5	5.5
肯尼亚	5.5	5.0	5.0	5.5	5.5	5.5		5.5	5.4
老挝								2.9	2.9
罗马尼亚	6.0	6.0	6.0	6.0	6.0	6.0		6.0	6.0
马来西亚	4.5	4.5	4.5	4.5	4.0	4.0		4.1	4.1
美国	6.0	6.0	6.0	6.0	6.0	6.0		6.0	6.0
蒙古国	4.0	4.0	4.0	4.0	4.0	4.0		4.0	4.0
孟加拉国	3.0	3.0	3.5	3.5	3.5	3.5		3.5	3.5

续表

年份 国家	2007	2008	2009	2010	2011	2012	2013	2014	2015
缅甸	0.0	0.0	0.0	0.0	2.0	2.5		2.1	2.3
墨西哥	6.0	6.0	6.0	6.0	6.0	6.0		6.0	6.0
南非	5.0	5.0	5.0	5.0	5.0	5.0		5.0	5.0
尼日利亚	3.5	3.5	3.5	3.5	3.5	3.5		3.5	3.5
日本	5.0	5.0	5.0	5.0	5.0	5.0		5.0	5.0
沙特阿拉伯	0.5	0.5	1.0	1.0	1.0	1.0		1.0	1.0
斯里兰卡	4.0	4.0	4.0	3.0	3.0	3.0		3.0	3.0
苏丹	2.0	2.0	2.0	2.0	2.0	2.0		2.0	2.0
塔吉克斯坦								1.1	1.0
泰国	4.5	4.5	4.5	4.5	4.5	4.5		4.5	4.5
土耳其	5.0	5.0	5.0	4.5	4.0	4.0		4.1	3.8
土库曼斯坦								1.1	1.0
委内瑞拉	3.5	3.0	3.0	3.0	3.0	3.0		3.0	3.0
乌克兰	5.5	5.5	5.5	5.0	5.0	5.0		5.0	5.0
乌兹别克斯坦								1.1	1.0
希腊	6.0	6.0	6.0	6.0	6.0	6.0		6.0	6.0
新加坡	2.0	2.0	2.0	2.0	2.0	2.0		2.0	2.0
新西兰	6.0	6.0	6.0	6.0	6.0	6.0		6.0	6.0
匈牙利	6.0	6.0	6.0	5.5	5.5	5.5		5.5	5.5
伊拉克	4.0	4.0	4.0	4.5	4.5	4.5		4.5	4.3
伊朗	4.5	4.5	4.0	4.0	3.0	2.5		2.8	2.7
以色列	6.0	6.0	6.0	6.0	6.0	6.0		6.0	6.0
意大利	5.5	5.5	5.5	5.5	5.5	5.5		5.5	5.5
印度	6.0	6.0	6.0	6.0	6.0	6.0		6.0	6.0
印度尼西亚	5.0	5.0	5.0	5.0	5.0	5.0		5.0	5.0
英国	6.0	6.0	6.0	6.0	6.0	6.0		6.0	6.0
越南	1.0	1.0	1.0	1.5	1.5	1.5		1.5	1.5
赞比亚	4.0	4.0	4.0	4.0	4.0	4.0		4.0	4.0

资料来源：ICRG。

表 3 - 33　　　　　　　　　政府有效性

年份 国家	2007	2008	2009	2010	2011	2012	2013	2014	2015
阿根廷	- 0.03	- 0.13	- 0.33	- 0.19	- 0.14	- 0.25	- 0.29	- 0.29	- 0.2
阿联酋	0.92	0.88	1.02	0.91	1.06	1.14	1.17	1.17	1.4
埃及	- 0.38	- 0.35	- 0.27	- 0.38	- 0.54	- 0.77	- 0.89	- 0.89	- 0.8
埃塞俄比亚	- 0.39	- 0.37	- 0.49	- 0.42	- 0.47	- 0.44	- 0.52	- 0.52	- 0.5
安哥拉	- 1.24	- 1.07	- 0.97	- 1.13	- 1.15	- 1.02	- 1.26	- 1.26	- 1.2
澳大利亚	1.82	1.78	1.70	1.77	1.70	1.61	1.62	1.62	1.6
巴基斯坦	- 0.46	- 0.70	- 0.78	- 0.76	- 0.81	- 0.79	- 0.80	- 0.80	- 0.8
巴西	- 0.20	- 0.09	- 0.10	- 0.04	- 0.12	- 0.12	- 0.08	- 0.08	- 0.1
白俄罗斯	- 1.13	- 1.12	- 1.15	- 1.14	- 1.10	- 0.94	- 0.94	- 0.94	- 0.7
保加利亚	0.00	- 0.05	0.16	0.11	0.11	0.14	0.15	0.15	0.1
波兰	0.40	0.48	0.52	0.64	0.62	0.66	0.71	0.71	0.8
德国	1.63	1.52	1.59	1.57	1.55	1.57	1.52	1.52	1.7
俄罗斯	- 0.38	- 0.34	- 0.40	- 0.45	- 0.45	- 0.43	- 0.36	- 0.36	- 0.2
法国	1.48	1.58	1.49	1.45	1.37	1.33	1.47	1.47	1.4
菲律宾	0.08	0.03	- 0.03	- 0.02	0.08	0.08	0.06	0.06	0.1
哈萨克斯坦	- 0.56	- 0.42	- 0.36	- 0.43	- 0.43	- 0.44	- 0.54	- 0.54	- 0.2
韩国	1.23	1.05	1.11	1.22	1.26	1.20	1.12	1.12	1.2
荷兰	1.73	1.69	1.74	1.73	1.79	1.80	1.77	1.77	1.8
吉尔吉斯斯坦								- 1.04	- 0.8
加拿大	1.75	1.77	1.75	1.79	1.78	1.75	1.77	1.77	1.8
柬埔寨	- 0.86	- 0.95	- 0.91	- 0.92	- 0.85	- 0.83	- 0.92	- 0.92	- 0.8
捷克	0.90	1.01	0.89	0.91	0.93	0.92	0.88	0.88	1.0
肯尼亚	- 0.50	- 0.59	- 0.60	- 0.54	- 0.57	- 0.55	- 0.49	- 0.49	- 0.4
老挝	- 0.87	- 0.87	- 0.96	- 0.87	- 0.85	- 0.88	- 0.76	- 0.76	- 0.5
罗马尼亚	- 0.32	- 0.32	- 0.36	- 0.25	- 0.31	- 0.31	- 0.07	- 0.07	- 0.1
马来西亚	1.25	1.16	1.00	1.13	1.03	1.01	1.10	1.10	1.1
美国	1.65	1.60	1.50	1.55	1.51	1.51	1.50	1.50	1.5
蒙古国	- 0.52	- 0.52	- 0.66	- 0.57	- 0.58	- 0.63	- 0.54	- 0.54	- 0.5
孟加拉国	- 0.68	- 0.71	- 0.79	- 0.75	- 0.76	- 0.83	- 0.82	- 0.82	- 0.8

续表

年份\国家	2007	2008	2009	2010	2011	2012	2013	2014	2015
缅甸	-1.47	-1.52	-1.64	-1.65	-1.63	-1.53	-1.51	-1.51	-1.4
墨西哥	0.17	0.18	0.16	0.14	0.31	0.32	0.31	0.31	0.2
南非	0.49	0.52	0.48	0.39	0.41	0.33	0.43	0.43	0.4
尼日利亚	-1.04	-0.97	-1.20	-1.15	-1.07	-0.99	-1.01	-1.01	-1.1
日本	1.45	1.46	1.46	1.52	1.47	1.40	1.59	1.59	1.7
沙特阿拉伯	-0.11	-0.07	-0.06	0.03	-0.32	0.03	0.06	0.06	0.2
斯里兰卡	-0.09	-0.12	-0.12	-0.18	-0.10	-0.24	-0.23	-0.23	0.0
苏丹	-1.08	-1.27	-1.27	-1.37	-1.39	-1.46	-1.53	-1.53	-1.6
塔吉克斯坦	-1.06	-1.04	-1.08	-0.90	-0.94	-0.93	-1.08	-1.08	-0.9
泰国	0.37	0.25	0.28	0.19	0.21	0.21	0.21	0.21	0.3
土耳其	0.30	0.26	0.29	0.31	0.36	0.40	0.37	0.37	0.4
土库曼斯坦	-1.44	-1.43	-1.47	-1.58	-1.61	-1.29	-1.32	-1.32	-1.0
委内瑞拉	-1.05	-1.11	-0.97	-1.10	-1.19	-1.14	-1.14	-1.14	-1.2
乌克兰	-0.67	-0.71	-0.80	-0.75	-0.81	-0.58	-0.65	-0.65	-0.5
乌兹别克斯坦	-1.09	-0.86	-0.65	-0.74	-0.72	-0.94	-0.94	-0.94	-0.8
希腊	0.57	0.59	0.61	0.55	0.50	0.31	0.45	0.45	0.4
新加坡	2.37	2.43	2.28	2.26	2.17	2.15	2.07	2.07	2.2
新西兰	1.67	1.67	1.85	1.81	1.88	1.79	1.75	1.75	1.9
匈牙利	0.72	0.71	0.68	0.67	0.68	0.62	0.64	0.64	0.6
伊拉克	-1.59	-1.26	-1.20	-1.22	-1.15	-1.11	-1.08	-1.08	-1.1
伊朗	-0.59	-0.61	-0.57	-0.48	-0.44	-0.54	-0.70	-0.70	-0.5
以色列	1.24	1.33	1.26	1.37	1.33	1.25	1.22	1.22	1.2
意大利	0.21	0.29	0.42	0.45	0.38	0.41	0.45	0.45	0.4
印度	0.11	-0.03	-0.01	0.02	-0.01	-0.18	-0.19	-0.19	-0.2
印度尼西亚	-0.28	-0.24	-0.28	-0.20	-0.25	-0.29	-0.24	-0.24	-0.1
英国	1.66	1.64	1.50	1.56	1.55	1.53	1.47	1.47	1.6
越南	-0.22	-0.20	-0.25	-0.26	-0.23	-0.29	-0.30	-0.30	-0.2
赞比亚	-0.71	-0.73	-0.79	-0.83	-0.64	-0.50	-0.48	-0.48	-0.5

资料来源：WGI。

表 3 – 34　　　　　　　　　　　　　　　法治

年份 国家	2007	2008	2009	2010	2011	2012	2013	2014	2015
阿根廷	- 0.63	- 0.70	- 0.71	- 0.62	- 0.59	- 0.71	- 0.73	- 0.73	- 0.8
阿联酋	0.36	0.49	0.46	0.37	0.53	0.56	0.64	0.64	0.7
埃及	- 0.18	- 0.09	- 0.06	- 0.12	- 0.40	- 0.46	- 0.60	- 0.60	- 0.6
埃塞俄比亚	- 0.60	- 0.66	- 0.78	- 0.75	- 0.70	- 0.66	- 0.62	- 0.62	- 0.5
安哥拉	- 1.40	- 1.40	- 1.24	- 1.26	- 1.25	- 1.28	- 1.28	- 1.28	- 1.2
澳大利亚	1.74	1.75	1.73	1.76	1.74	1.75	1.75	1.75	1.9
巴基斯坦	- 0.88	- 0.98	- 0.84	- 0.74	- 0.91	- 0.91	- 0.88	- 0.88	- 0.8
巴西	- 0.43	- 0.37	- 0.22	0.00	- 0.01	- 0.11	- 0.12	- 0.12	- 0.1
白俄罗斯	- 1.14	- 1.01	- 1.00	- 1.04	- 1.08	- 0.92	- 0.89	- 0.89	- 0.8
保加利亚	- 0.10	- 0.16	- 0.07	- 0.10	- 0.14	- 0.12	- 0.14	- 0.14	- 0.1
波兰	0.37	0.51	0.60	0.66	0.75	0.74	0.79	0.79	0.8
德国	1.75	1.72	1.64	1.62	1.61	1.64	1.62	1.62	1.8
俄罗斯	- 0.95	- 0.93	- 0.77	- 0.77	- 0.74	- 0.82	- 0.78	- 0.78	- 0.7
法国	1.43	1.48	1.43	1.51	1.44	1.43	1.40	1.40	1.4
菲律宾	- 0.47	- 0.57	- 0.60	- 0.58	- 0.54	- 0.55	- 0.43	- 0.43	- 0.4
哈萨克斯坦	- 0.87	- 0.75	- 0.63	- 0.61	- 0.59	- 0.66	- 0.67	- 0.67	- 0.6
韩国	1.02	0.85	0.98	0.99	1.02	0.97	0.94	0.94	1.0
荷兰	1.76	1.75	1.80	1.81	1.81	1.84	1.81	1.81	1.9
吉尔吉斯斯坦	- 1.28	- 1.37	- 1.32	- 1.28	- 1.23	- 1.15	- 1.14	- 1.14	- 1.0
加拿大	1.79	1.80	1.81	1.81	1.74	1.75	1.74	1.74	1.8
柬埔寨	- 1.08	- 1.11	- 1.09	- 1.09	- 1.02	- 0.97	- 0.99	- 0.99	- 1.0
捷克	0.86	0.89	0.94	0.93	1.02	1.01	1.00	1.00	1.1
肯尼亚	- 0.97	- 1.02	- 1.05	- 0.99	- 0.95	- 0.86	- 0.74	- 0.74	- 0.6
老挝	- 0.91	- 0.83	- 1.00	- 0.92	- 0.95	- 0.83	- 0.77	- 0.77	- 0.7
罗马尼亚	- 0.11	- 0.01	0.03	0.04	0.05	0.02	0.11	0.11	0.1
马来西亚	0.50	0.40	0.49	0.53	0.52	0.51	0.48	0.48	0.6
美国	1.58	1.61	1.58	1.63	1.61	1.60	1.54	1.54	1.6
蒙古国	- 0.39	- 0.38	- 0.28	- 0.39	- 0.30	- 0.38	- 0.37	- 0.37	- 0.4
孟加拉国	- 0.83	- 0.76	- 0.77	- 0.79	- 0.71	- 0.91	- 0.83	- 0.83	- 0.8

续表

年份 国家	2007	2008	2009	2010	2011	2012	2013	2014	2015
缅甸	−1.43	−1.43	−1.47	−1.51	−1.43	−1.35	−1.22	−1.22	−1.2
墨西哥	−0.54	−0.72	−0.61	−0.58	−0.55	−0.56	−0.58	−0.58	−0.5
南非	0.07	0.03	0.09	0.11	0.13	0.08	0.13	0.13	0.1
尼日利亚	−1.07	−1.06	−1.16	−1.17	−1.21	−1.18	−1.16	−1.16	−1.1
日本	1.33	1.32	1.30	1.33	1.30	1.32	1.41	1.41	1.5
沙特阿拉伯	0.19	0.19	0.16	0.26	0.14	0.24	0.26	0.26	0.3
斯里兰卡	0.14	0.00	−0.07	−0.08	−0.07	−0.11	−0.27	−0.27	−0.2
苏丹	−1.39	−1.41	−1.23	−1.30	−1.22	−1.21	−1.25	−1.25	−1.2
塔吉克斯坦	−1.23	−1.24	−1.23	−1.18	−1.21	−1.18	−1.24	−1.24	−1.1
泰国	−0.08	−0.13	−0.22	−0.20	−0.21	−0.17	−0.13	−0.13	−0.1
土耳其	0.02	0.08	0.10	0.12	0.08	0.04	0.08	0.08	0.1
土库曼斯坦	−1.50	−1.41	−1.42	−1.45	−1.42	−1.38	−1.36	−1.36	−1.3
委内瑞拉	−1.54	−1.60	−1.59	−1.64	−1.67	−1.69	−1.79	−1.79	−1.8
乌克兰	−0.74	−0.69	−0.77	−0.81	−0.83	−0.79	−0.83	−0.83	−0.8
乌兹别克斯坦	−1.15	−1.10	−1.27	−1.37	−1.41	−1.27	−1.20	−1.20	−1.1
希腊	0.84	0.84	0.62	0.61	0.55	0.39	0.44	0.44	0.4
新加坡	1.64	1.64	1.60	1.68	1.73	1.77	1.74	1.74	1.8
新西兰	1.83	1.85	1.94	1.87	1.91	1.88	1.86	1.86	2.0
匈牙利	0.92	0.89	0.76	0.75	0.74	0.60	0.56	0.56	0.5
伊拉克	−1.92	−1.84	−1.77	−1.62	−1.51	−1.50	−1.47	−1.47	−1.4
伊朗	−0.92	−0.85	−0.94	−0.98	−0.94	−0.90	−0.98	−0.98	−1.0
以色列	0.81	0.83	0.82	0.90	1.00	0.92	0.95	0.95	1.0
意大利	0.44	0.42	0.35	0.38	0.42	0.36	0.36	0.36	0.3
印度	0.11	0.09	0.02	−0.04	−0.11	−0.10	−0.10	−0.10	−0.1
印度尼西亚	−0.68	−0.66	−0.60	−0.64	−0.61	−0.60	−0.55	−0.55	−0.4
英国	1.68	1.66	1.73	1.76	1.64	1.69	1.67	1.67	1.8
越南	−0.41	−0.40	−0.47	−0.53	−0.48	−0.50	−0.49	−0.49	−0.4
赞比亚	−0.57	−0.44	−0.49	−0.50	−0.47	−0.40	−0.31	−0.31	−0.3

资料来源：WGI。

表 3 - 35 外部冲突

国家＼年份	2007	2008	2009	2010	2011	2012	2013	2014	2015
阿根廷	9.5	9.5	9.5	9.5	9.5	9.5		9.5	9.5
阿联酋								9.4	11.0
埃及	10.5	10.0	10.0	10.0	9.5	9.0		9.3	9.1
埃塞俄比亚	5.5	7.5	7.5	7.0	7.0	7.0		7.0	7.1
安哥拉	11.0	11.0	11.0	11.0	11.0	11.0		11.0	11.0
澳大利亚	9.5	9.5	10.0	10.0	11.0	11.0		10.9	11.0
巴基斯坦	8.5	8.5	8.5	8.5	8.5	8.5		8.5	8.7
巴西	10.5	10.5	10.5	10.5	10.5	10.5		10.5	10.5
白俄罗斯	8.0	8.5	9.0	9.0	8.5	8.5		8.6	8.5
保加利亚	9.5	9.0	9.0	9.0	9.0	9.0		9.0	9.0
波兰	9.5	11.0	11.0	10.5	10.5	10.5		10.5	10.5
德国	10.5	10.5	10.5	10.5	10.5	10.5		10.5	10.5
俄罗斯	8.5	7.0	9.0	9.0	9.0	9.0		9.0	9.0
法国	10.0	10.0	10.0	10.0	10.0	10.0		10.0	10.0
菲律宾	11.0	11.0	11.0	11.0	11.0	11.0		11.0	10.9
哈萨克斯坦	11.0	11.0	11.0	11.0	11.0	11.0		11.0	11.0
韩国	9.0	8.5	8.5	7.5	8.0	8.0		8.0	8.1
荷兰	12.0	12.0	12.0	12.0	12.0	12.0		12.0	12.0
吉尔吉斯斯坦								10.0	10.0
加拿大	11.0	11.0	11.0	11.0	11.0	11.0		11.0	11.0
柬埔寨								10.5	10.6
捷克	10.5	10.5	10.5	10.5	10.5	10.5		10.5	10.5
肯尼亚	9.0	9.5	9.0	9.5	9.5	9.5		9.5	9.5
老挝								10.5	10.6
罗马尼亚	11.0	11.0	11.0	11.0	11.0	11.0		11.0	11.0
马来西亚	10.0	10.5	10.5	10.5	10.5	10.5		10.5	10.5
美国	7.0	9.5	10.0	9.5	10.5	10.5		10.4	10.3
蒙古国	11.5	11.5	11.5	11.5	11.5	11.5		11.5	11.5
孟加拉国	8.5	8.5	8.5	8.5	8.5	8.5		8.5	8.5

续表

国家＼年份	2007	2008	2009	2010	2011	2012	2013	2014	2015
缅甸	8.5	8.0	8.0	8.0	8.0	9.5		8.9	9.4
墨西哥	11.0	11.0	11.0	10.5	10.5	10.5		10.5	10.5
南非	10.5	10.5	10.5	10.5	10.5	10.5		10.5	10.5
尼日利亚	9.5	9.5	9.5	9.5	9.5	9.5		9.5	9.5
日本	9.5	9.5	9.5	9.0	9.0	9.0		9.0	8.9
沙特阿拉伯	10.0	10.0	8.5	8.5	9.5	9.5		9.4	9.4
斯里兰卡	10.5	10.5	11.0	11.0	11.0	10.5		10.7	10.6
苏丹	9.0	9.0	9.0	8.5	7.5	7.0		7.3	6.8
塔吉克斯坦								10.0	10.0
泰国	10.0	9.5	9.0	9.0	9.0	9.0		9.0	9.0
土耳其	7.5	7.5	7.5	7.5	7.5	7.5		7.5	7.3
土库曼斯坦								10.0	10.0
委内瑞拉	8.0	8.0	8.0	8.5	8.5	8.5		8.5	8.3
乌克兰	10.0	9.5	9.5	10.0	10.0	10.0		10.0	10.0
乌兹别克斯坦								10.0	10.0
希腊	10.5	10.0	10.0	10.0	10.5	10.5		10.5	10.5
新加坡	10.5	10.5	10.5	10.5	10.5	10.5		10.5	10.5
新西兰	10.5	10.5	10.5	10.5	10.5	10.5		10.5	10.5
匈牙利	10.0	10.5	10.5	10.5	10.5	10.0		10.2	10.1
伊拉克	5.5	6.0	7.0	8.5	8.5	8.5		8.5	8.5
伊朗	6.0	6.0	6.0	6.0	5.5	5.5		5.6	5.6
以色列	7.5	6.5	6.0	6.5	7.0	7.0		7.0	7.4
意大利	11.0	11.0	11.0	11.0	11.0	11.0		11.0	11.0
印度	10.0	10.0	9.5	9.5	9.5	9.5		9.5	9.5
印度尼西亚	10.5	10.5	10.5	10.5	10.5	10.5		10.5	10.5
英国	7.0	6.5	6.5	8.5	9.5	9.5		9.4	9.4
越南	11.5	11.5	11.5	11.5	11.5	11.5		11.5	11.5
赞比亚	10.0	10.0	10.0	10.0	10.5	10.5		10.5	10.5

资料来源：ICRG。

表 3 - 36 贸易依存度

年份 / 国家	2007	2008	2009	2010	2011	2012	2013	2014	2015
阿根廷	0.053	0.061	0.044	0.055	0.050	0.052	0.051	0.051	0.064
阿联酋								0.077	0.055
埃及	0.038	0.041	0.048	0.051	0.060	0.062		0.062	0.078
埃塞俄比亚	0.066	0.074	0.087	0.076	0.052	0.067		0.067	0.084
安哥拉	0.125	0.155	0.139	0.189	0.162	0.203	0.195	0.195	0.179
澳大利亚	0.083	0.090	0.110	0.122	0.129	0.133	0.153	0.153	0.158
巴基斯坦	0.075	0.061	0.074	0.081	0.083	0.097	0.109	0.109	0.145
巴西	0.061	0.076	0.086	0.093	0.100	0.104	0.105	0.105	0.106
白俄罗斯	0.008	0.006	0.009	0.011	0.008	0.009	0.010	0.010	0.016
保加利亚	0.010	0.012	0.010	0.011	0.013	0.017	0.017	0.017	0.017
波兰	0.014	0.016	0.018	0.018	0.018	0.020	0.020	0.020	0.024
德国	0.045	0.048	0.054	0.058	0.057	0.054	0.052	0.052	0.053
俄罗斯	0.055	0.050	0.050	0.054	0.059	0.063	0.063	0.063	0.072
法国	0.024	0.024	0.026	0.029	0.028	0.028	0.027	0.027	0.030
菲律宾	0.200	0.169	0.147	0.159	0.171	0.168	0.183	0.183	0.183
哈萨克斯坦	0.089	0.083	0.101	0.112	0.103	0.098	0.111	0.111	0.096
韩国	0.151	0.149	0.154	0.156	0.144	0.146	0.154	0.154	0.178
荷兰	0.039	0.038	0.038	0.042	0.043	0.043	0.043	0.043	0.040
吉尔吉斯斯坦	0.479	0.831	0.593	0.442	0.402	0.363	0.336	0.336	0.378
加拿大	0.026	0.027	0.030	0.030	0.033	0.034	0.036	0.036	0.040
柬埔寨	0.060	0.066	0.061	0.077	0.105	0.107	0.118	0.118	0.085
捷克	0.014	0.015	0.018	0.022	0.021	0.019	0.020	0.020	0.020
肯尼亚	0.039	0.041	0.047	0.055	0.061	0.066		0.066	0.138
老挝	0.066	0.081	0.150	0.143	0.152	0.162	0.259	0.259	0.225
罗马尼亚	0.014	0.015	0.018	0.020	0.018	0.017	0.017	0.017	0.018
马来西亚	0.086	0.089	0.107	0.118	0.124	0.127	0.144	0.144	0.142
美国	0.126	0.121	0.131	0.131	0.126	0.129	0.133	0.133	0.144
蒙古国	0.258	0.216	0.309	0.335	0.304	0.321	0.304	0.304	0.317
孟加拉国	0.057	0.065	0.066	0.073	0.070	0.075	0.082	0.082	0.104

续表

年份 国家	2007	2008	2009	2010	2011	2012	2013	2014	2015
缅甸	0.129	0.149	0.158	0.199	0.215	0.221	0.277	0.277	0.351
墨西哥	0.017	0.018	0.021	0.025	0.029	0.030	0.031	0.031	0.033
南非	0.048	0.054	0.065	0.079	0.115	0.156	0.173	0.173	0.129
尼日利亚	0.024	0.031	0.038	0.033	0.036	0.037		0.037	0.079
日本	0.156	0.150	0.167	0.164	0.159	0.148	0.145	0.145	0.145
沙特阿拉伯	0.047	0.059	0.066	0.070	0.076	0.079	0.077	0.077	0.076
斯里兰卡	0.041	0.041	0.051	0.051	0.055	0.055	0.064	0.064	0.078
苏丹	0.173	0.208	0.192	0.215	0.326	0.154	0.143	0.143	0.135
塔吉克斯坦	0.056	0.143	0.185	0.218	0.249	0.178		0.179	0.215
泰国	0.072	0.071	0.081	0.085	0.086	0.088	0.089	0.089	0.100
土耳其	0.024	0.021	0.023	0.028	0.028	0.027	0.030	0.030	0.033
土库曼斯坦								0.209	0.199
委内瑞拉	0.027	0.036	0.038	0.052	0.068	0.079		0.079	0.089
乌克兰	0.033	0.032	0.038	0.039	0.038	0.036	0.041	0.041	0.049
乌兹别克斯坦								0.209	0.065
希腊	0.017	0.018	0.023	0.027	0.024	0.025	0.023	0.023	0.026
新加坡	0.054	0.051	0.057	0.053	0.050	0.053	0.057	0.057	0.072
新西兰	0.034	0.035	0.047	0.054	0.060	0.066	0.081	0.081	0.083
匈牙利	0.019	0.019	0.024	0.027	0.025	0.024	0.023	0.023	0.022
伊拉克	0.013	0.015	0.036	0.057	0.061	0.063		0.063	0.104
伊朗								0.063	0.163
以色列	0.026	0.026	0.029	0.035	0.037	0.038	0.042	0.042	0.046
意大利	0.025	0.026	0.028	0.034	0.033	0.028	0.028	0.028	0.031
印度	0.063	0.064	0.063	0.067	0.061	0.054	0.052	0.052	0.063
印度尼西亚	0.073	0.073	0.080	0.087	0.096	0.100	0.104	0.104	0.099
英国	0.029	0.030	0.033	0.035	0.035	0.037	0.040	0.040	0.046
越南	0.074	0.075	0.092	0.106	0.109	0.122	0.136	0.136	0.158
赞比亚	0.037	0.042	0.093	0.120	0.113	0.098	0.096	0.096	0.077

资料来源：CEIC，WDI。

表 3 - 37　　　　　　　　　　　　投资依存度

年份 国家	2007	2008	2009	2010	2011	2012	2013	2014	2015
阿根廷	0.002	0.002	0.001	0.002	0.003	0.005	0.009	0.009	0.009
阿联酋	0.003	0.004	0.004	0.006	0.008	0.008	0.008	0.008	0.011
埃及	0.002	0.001	0.003	0.003	0.003	0.003	0.003	0.003	0.004
埃塞俄比亚	0.016	0.017	0.037	0.044	0.045	0.060	0.064	0.064	0.063
安哥拉	0.004	0.003	0.007	0.015	0.023	0.323	0.349	0.349	0.064
澳大利亚	0.008	0.014	0.018	0.019	0.022	0.024	0.028	0.028	0.035
巴基斯坦	0.025	0.044	0.044	0.049	0.054	0.050	0.044	0.044	0.063
巴西	0.001	0.001	0.001	0.002	0.002	0.002	0.003	0.003	0.003
白俄罗斯	0.000	0.000	0.000	0.001	0.001	0.003	0.004	0.004	0.007
保加利亚	0.000	0.000	0.000	0.000	0.001	0.001	0.002	0.002	0.002
波兰	0.001	0.001	0.001	0.001	0.001	0.001	0.001	0.001	0.001
德国	0.004	0.003	0.003	0.003	0.004	0.005	0.005	0.005	0.007
俄罗斯	0.007	0.009	0.007	0.007	0.009	0.010	0.012	0.012	0.016
法国	0.001	0.001	0.001	0.001	0.006	0.006	0.005	0.005	0.011
菲律宾	0.001	0.002	0.003	0.008	0.010	0.011	0.011	0.011	0.007
哈萨克斯坦	0.009	0.015	0.013	0.012	0.016	0.031	0.032	0.032	0.033
韩国	0.010	0.007	0.008	0.003	0.008	0.013	0.007	0.007	0.009
荷兰	0.001	0.001	0.001	0.001	0.001	0.002	0.005	0.005	0.006
吉尔吉斯斯坦	0.072	0.054	0.100	0.117	0.109	0.124	0.128	0.128	0.140
加拿大	0.007	0.005	0.005	0.006	0.008	0.009	0.009	0.009	0.011
柬埔寨	0.023	0.043	0.062	0.097	0.136	0.147	0.154	0.154	0.125
捷克	0.000	0.000	0.000	0.000	0.000	0.001	0.001	0.001	0.001
肯尼亚	0.015	0.020	0.029	0.049	0.059	0.070	0.094	0.094	0.098
老挝	0.128	0.108	0.168	0.225	0.293	0.390	0.501	0.501	0.621
罗马尼亚	0.001	0.001	0.001	0.001	0.001	0.001	0.001	0.001	0.001
马来西亚	0.003	0.003	0.004	0.005	0.004	0.005	0.007	0.007	0.008
美国	0.008	0.007	0.007	0.008	0.012	0.018	0.019	0.019	0.025
蒙古国	0.221	0.206	0.223	0.147	0.100	0.113	0.111	0.111	0.115
孟加拉国	0.005	0.005	0.006	0.006	0.006	0.008	0.009	0.009	0.009

续表

年份\国家	2007	2008	2009	2010	2011	2012	2013	2014	2015
缅甸	0.023	0.038	0.060	0.114	0.115	0.133	0.129	0.129	0.113
墨西哥	0.001	0.001	0.001	0.000	0.001	0.001	0.001	0.001	0.001
南非	0.006	0.027	0.013	0.018	0.018	0.019	0.019	0.019	0.024
尼日利亚	0.011	0.011	0.012	0.012	0.012	0.015	0.015	0.015	0.015
日本	0.004	0.003	0.003	0.004	0.005	0.005	0.007	0.007	0.009
沙特阿拉伯	0.004	0.004	0.004	0.003	0.003	0.004	0.006	0.006	0.006
斯里兰卡	0.001	0.002	0.002	0.007	0.014	0.013	0.019	0.019	0.018
苏丹	0.025	0.019	0.017	0.016	0.034			0.034	0.039
塔吉克斯坦	0.049	0.132	0.082	0.083	0.084	0.153	0.185	0.185	0.194
泰国	0.004	0.003	0.003	0.005	0.006	0.008	0.009	0.009	0.009
土耳其	0.000	0.000	0.002	0.002	0.002	0.002	0.003	0.003	0.003
土库曼斯坦	0.000	0.009	0.011	0.026	0.009	0.007	0.006	0.006	0.009
委内瑞拉	0.002	0.002	0.004	0.006	0.006	0.023	0.023	0.023	0.043
乌克兰	0.000	0.000	0.000	0.000	0.000	0.000	0.000	0.000	0.001
乌兹别克斯坦	0.007	0.014	0.012	0.008	0.011	0.010	0.012	0.012	0.022
希腊	0.000	0.000	0.000	0.000	0.000	0.000	0.002	0.002	0.003
新加坡	0.008	0.013	0.015	0.014	0.020	0.019	0.020	0.020	0.023
新西兰	0.001	0.001	0.001	0.001	0.001	0.002	0.004	0.004	0.007
匈牙利	0.001	0.001	0.001	0.003	0.003	0.003	0.003	0.003	0.003
伊拉克	0.004	0.002	0.002	0.031	0.031	0.031	0.011	0.011	0.008
伊朗	0.004	0.002	0.005	0.013	0.022	0.029	0.037	0.037	0.042
以色列	0.000	0.000	0.000	0.000	0.000	0.000	0.000	0.000	0.000
意大利	0.001	0.001	0.001	0.001	0.001	0.001	0.001	0.001	0.001
印度	0.001	0.001	0.001	0.002	0.002	0.004	0.007	0.007	0.009
印度尼西亚	0.007	0.005	0.005	0.005	0.007	0.010	0.014	0.014	0.017
英国	0.004	0.003	0.003	0.003	0.004	0.011	0.013	0.013	0.011
越南	0.008	0.008	0.009	0.010	0.012	0.013	0.015	0.015	0.017
赞比亚	0.032	0.041	0.049	0.049	0.056	0.082	0.078	0.078	0.077

资料来源：CEIC，WDI。

表 3 - 38 是否签订 BIT 协议

国家 ＼ 年份	2015
阿根廷	1
阿联酋	1
埃及	1
埃塞俄比亚	1
安哥拉	0
澳大利亚	1
巴基斯坦	1
巴西	0
白俄罗斯	1
保加利亚	1
波兰	1
德国	1
俄罗斯	1
法国	1
菲律宾	1
哈萨克斯坦	1
韩国	1
荷兰	1
吉尔吉斯斯坦	0
加拿大	1
柬埔寨	1
捷克	0
肯尼亚	0
老挝	1
罗马尼亚	1
马来西亚	1
美国	1
蒙古国	1
孟加拉国	0

续表

年份　　　国家	2015
缅甸	1
墨西哥	1
南非	1
尼日利亚	1
日本	1
沙特阿拉伯	1
斯里兰卡	1
苏丹	1
塔吉克斯坦	1
泰国	1
土耳其	1
土库曼斯坦	1
委内瑞拉	1
乌克兰	1
乌兹别克斯坦	1
希腊	1
新加坡	1
新西兰	1
匈牙利	1
伊拉克	0
伊朗	1
以色列	1
意大利	1
印度	1
印度尼西亚	1
英国	1
越南	1
赞比亚	1

资料来源：中国商务部。

表 3 - 39 签证情况

年份 国家	2016
阿根廷	0.5
阿联酋	0.5
埃及	0.5
埃塞俄比亚	0.5
安哥拉	0.5
澳大利亚	0.3
巴基斯坦	1.0
巴西	0.5
白俄罗斯	0.8
保加利亚	0.5
波兰	0.5
德国	0.5
俄罗斯	0.8
法国	0.3
菲律宾	0.5
哈萨克斯坦	0.5
韩国	0.5
荷兰	0.3
吉尔吉斯斯坦	0.5
加拿大	0.3
柬埔寨	0.5
捷克	0.3
肯尼亚	0.5
老挝	0.7
罗马尼亚	0.5
马来西亚	0.5
美国	0.3
蒙古国	0.7
孟加拉国	0.7

续表

年份 国家	2016
缅甸	0.5
墨西哥	0.5
南非	0.3
尼日利亚	0.7
日本	0.0
沙特阿拉伯	0.0
斯里兰卡	0.7
苏丹	0.5
塔吉克斯坦	0.8
泰国	0.5
土耳其	0.5
土库曼斯坦	1.0
委内瑞拉	0.7
乌克兰	0.5
乌兹别克斯坦	0.5
希腊	0.3
新加坡	0.7
新西兰	0.0
匈牙利	0.5
伊拉克	0.0
伊朗	0.5
以色列	0.3
意大利	0.3
印度	0.0
印度尼西亚	0.5
英国	0.5
越南	0.7
赞比亚	0.0

资料来源：中国商务部。

表 3 - 40　　　　　　　　　对华关系

国家 ＼ 年份	2016
阿根廷	7.25
阿联酋	7.08
埃及	7.00
埃塞俄比亚	7.42
安哥拉	7.00
澳大利亚	6.50
巴基斯坦	9.08
巴西	7.42
白俄罗斯	8.08
保加利亚	6.50
波兰	6.67
德国	7.67
俄罗斯	8.83
法国	7.50
菲律宾	4.17
哈萨克斯坦	8.33
韩国	7.50
荷兰	7.42
吉尔吉斯斯坦	7.25
加拿大	6.83
柬埔寨	8.67
捷克	6.92
肯尼亚	7.08
老挝	7.75
罗马尼亚	6.75
马来西亚	6.92
美国	6.67
蒙古国	6.58
孟加拉国	7.25

续表

年份 国家	2016
缅甸	6.25
墨西哥	6.42
南非	7.08
尼日利亚	7.17
日本	4.08
沙特阿拉伯	7.08
斯里兰卡	6.50
苏丹	7.00
塔吉克斯坦	7.08
泰国	7.75
土耳其	6.58
土库曼斯坦	7.33
委内瑞拉	7.50
乌克兰	6.92
乌兹别克斯坦	7.17
希腊	7.58
新加坡	7.42
新西兰	7.42
匈牙利	6.67
伊拉克	6.58
伊朗	7.50
以色列	7.50
意大利	7.17
印度	7.17
印度尼西亚	7.08
英国	7.42
越南	6.17
赞比亚	6.58

资料来源：德尔菲法。